Die Entwicklung der Emanzipation der Frau in der Familienrechtsgeschichte bis zum Gleichberechtigungsgesetz 1957

Europäische Hochschulschriften
Publications Universitaires Européennes
European University Studies

Reihe II
Rechtswissenschaft

Série II Series II
Droit
Law

Bd./Vol. 3624

PETER LANG
Frankfurt am Main · Berlin · Bern · Bruxelles · New York · Oxford · Wien

Mark-Alexander Grimme

Die Entwicklung der Emanzipation der Frau in der Familienrechtsgeschichte bis zum Gleichberechtigungsgesetz 1957

Unter besonderer Berücksichtigung der Entstehungsgeschichte des Bürgerlichen Gesetzbuches

PETER LANG
Europäischer Verlag der Wissenschaften

Bibliografische Information Der Deutschen Bibliothek
Die Deutsche Bibliothek verzeichnet diese Publikation in der Deutschen Nationalbibliografie; detaillierte bibliografische Daten sind im Internet über <http://dnb.ddb.de> abrufbar.

Zugl.: Göttingen, Univ., Diss., 2002

Gedruckt auf alterungsbeständigem,
säurefreiem Papier.

D 7
ISSN 0531-7312
ISBN 3-631-39860-3

Printed in Germany 1 2 3 4 5 7

www.peterlang.de

Vorwort

Die vorliegende Untersuchung wurde im Wintersemester 2001/2002 von der Juristischen Fakultät der Georg-August-Universität Göttingen als Dissertation angenommen.

Für die Betreuung meiner Arbeit und die Erstbegutachtung danke ich Herrn Prof. Dr. Malte Dießelhorst, dem ich meine Vorliebe für die Rechtsgeschichte verdanke.

Mein besonderer Dank gilt daneben Frau Prof. Dr. Barbara Veit für die Erstellung des Zweitgutachtens.

Meiner Ehefrau Karin danke ich schließlich für die Unterstützung während der Schlußphase der Arbeit.

Widmen möchte ich die Untersuchung meiner verstorbenen Mutter Mira.

Göttingen/Muhr am See, im Dezember 2002 — Mark-Alexander Grimme

Literaturverzeichnis

Alternativkommentar: Kommentar zum Grundgesetz für die Bundesrepublik, Bd. 1 (Art. 1-37 GG), 2. Aufl., Neuwied 1989.

Anschütz, Gerhard: Die Verfassung des Deutschen Reiches vom 11. August 1919, unveränderter Nachdruck der 14. Aufl., Berlin 1933, Bad Homburg 1960.

Bachofen, Johann Jakob: Das Mutterrecht, Bd. I u. II, 3. Aufl., Basel 1948.

Bartsch, Robert: Die Rechtsstellung der Frau als Gattin und Mutter – Geschichtliche Entwicklung ihrer persönlichen Stellung im Privatrecht bis in das 18. Jahrhundert, Leipzig 1903.

Beauvoir, Simone de: Das andere Geschlecht, 2. Buch, Reinbeck bei Hamburg 1956.

Beitzke, Günther: Familienrecht, 26. Aufl., bearb. von Alexander Lüderitz, München 1992.

Beseler, Georg: System des gemeinen deutschen Privatrechts, 2. Aufl., Berlin 1866.

Blasius, Dirk: Ehescheidung in Deutschland 1794-1945, Scheidung und Scheidungsrecht in historischer Perspektive, in: Kritische Studien zur Geschichtswissenschaft, Bd.74, Göttingen 1987.

Bluntschli, Johann Kaspar: Deutsches Privatrecht, 3. Aufl., München 1864.

Boehmer, Gustav: "Aus der Arbeit des Ausschusses für eheliches Güterrecht", in: Jahrbuch der Akademie für Deutsches Recht 1939/40, S. 62-81.

ders.: "Die Gleichberechtigung der Frau im Eherecht", in: MDR 1950, S. 386-393.

Bommert, Lieselotte: Gemeinschaftliche und persönliche Angelegenheiten der Ehegatten im persönlichen Eherecht, Diss., Heidelberg.1938.

Brincker, Walter: Die Schlüsselgewalt der Ehefrau nach dem Gleichberechtigungsgesetz, Diss., Köln 1962.

Brockhaus: Art. Emanzipation, Bd. 3, 18. Aufl., Wiesbaden 1978.

Brunner, Heinrich: Deutsche Rechtsgeschichte, Bd. I, 2. Aufl., Schwerin 1906.

Buchka: "Die Stellung der Ehefrau als Handelsfrau nach dem neuen Handelsgesetzbuch", in: DJZ 1901, S. 421-423.

Bulling, Carl: Die deutsche Frau und das bürgerliche Gesetzbuch, 2. Aufl., Berlin 1896.

Claußen, Bernhard: "Emanzipation", in: Handlexikon zur Politikwissenschaft, S. 93-98, hrsg. von Wolfgang W. Michel u. Dietrich Zitzlaff, 1. Aufl., München 1983.
Coester-Waltjen, Dagmar: "Die Rollen der Geschlechter im deutschen Familienrecht seit 1900", StAZ 1992, S. 34-41
Conrad, Hermann: Deutsche Rechtsgeschichte, Bd. I, (Frühzeit und Mittelalter), 2. Aufl., Karlsruhe 1962.
ders.: "Das Tridentinische Konzil und die Entwicklung des kirchlichen und weltlichen Eherechts", in: Das Weltkonzil von Trient, S. 297-324, hrsg. von Georg Schreiber, Freiburg 1951.
ders.: "Die Rechtsstellung der Ehefrau in der Privatrechtsgesetzgebung der Aufklärungszeit", in: FS zum 70. Geburtstag von Gerhard Kallen, S. 253-270, hrsg. von Josef Engel u. Hans Martin Klinkenberg, Bonn 1957.
Cordier, Elisabeth: "Rechtsbruch zu Käthes Gunsten", in: BZ vom 31.12.1996, S. 17.
Cosack, Konrad: Lehrbuch des Deutschen bürgerlichen Rechts, Bd. II, 3. Aufl., Jena 1901.
Dargun, Lothar: Mutterrecht und Raubehe und ihre Reste im germanischen Recht und Leben, Leipzig 1883.
Davidson, Curt: Das Recht der Ehescheidung nach dem Bürgerlichen Gesetzbuch, Berlin 1900.
Dernburg, Heinrich: Das bürgerliche Recht des deutschen Reiches und Preußens, Bd. IV, Deutsches Familienrecht, 4. Aufl., Halle 1908.
ders.: "Sind die einem selbständigen Erwerbsgeschäft einer Ehefrau bestimmten Sachen Vorbehaltsgut?", in: DJZ 1902, S. 465-468.
ders.: Lehrbuch des Preußischen Privatrechts und der Privatrechtsnormen des Reichs, Bd. I, 5. Aufl., Halle a. S. 1894.
ders.: System des Römischen Rechts, Bd.2, bearb. von Paul Sokolowski, Berlin 1912.
Dölle, Hans: Familienrecht, Bd. 1, Karlsruhe 1964.
Doeming, Klaus-Berto / Füsslein, Rudolf Werner / Matz, Werner: "Entstehungsgeschichte der Artikel des Grundgesetzes", in: Jahrbuch des öffentlichen Rechts der Gegenwart, Neue Folge, Bd. 1, S.66-72, Tübingen 1951.
Dörner, Heinrich: Industrialisierung und Familienrecht, Die Auswirkungen des sozialen Wandels dargestellt an den Familienmodellen des ALR, BGB und des französichen Code Civil, in: Schriftenreihe zur Rechtssoziologie und Rechtstatsachenforschung, Bd. 30, hrsg. von Ernst E. Hirsch u. Manfred Rehbinder, Berlin 1974.
Ebel, Wilhelm: "Die Brautschatzfreiung", in: Forschungen zur Geschichte des lübischen Rechts, Teil I, S. 80-100, Lübeck 1950.

ders. "Zur Rechtsstellung der Kauffrau", Forschungen zur Geschichte des lübischen Rechts, Teil I, S. 101-121, Lübeck 1950.
Eben-Servaes, Ilse: "Das Kind in der Ehe", in: DR 1935, S. 91-92.
Eichhorn, Karl Friedrich: Einleitung in das deutsche Privatrecht mit Einschluß des Lehenrechts, Fünfte verbesserte Ausgabe, Göttingen 1845.
Endemann, Friedrich: Lehrbuch des Familienrechts, 6. Aufl., Berlin 1900.
Enneccerus, Ludwig / Kipp, Theodor / Wolff, Martin: Lehrbuch des Bürgerlichen Rechts, Zweiter Band, zweite Abteilung: Das Familienrecht, von Th. Kipp u. M. Wolff, 1./2. Aufl., Marburg 1912
dies.: Lehrbuch des Bürgerlichen Rechts, Bd.4, Das Familienrecht, 7. Bearb., Marburg 1931.
Erle, Manfred: Die Ehe im Naturrecht des 17. Jahrhunderts, Diss., Göttingen 1952.
Fehr, Hans: Die Rechtsstellung der Frau und der Kinder in den Weistümern, Jena 1912.
Feine, Hans Erich: Kirchliche Rechtsgeschichte, Die Katholische Kirche, 4. Aufl., Köln, Graz 1964.
Felgentraeger, Wilhelm: "Zur Erneuerung des Ehegüterrechts", in: Jahrbuch der Akademie für Deutsches Recht 1937, hrsg. von Hans Frank, München, Berlin, Leipzig 1937.
Feuersenger, Marianne: Die garantierte Gleichberechtigung – ein umstrittener Sieg der Frauen, Freiburg 1980.
Fischer, Paul: Die Novellierung des Familienrechts unter besonderer Berücksichtigung der Rechtsstellung der Ehefrau und Mutter in der Zeit von 1945-1983, Diss., Tübingen 1989.
Forster, Georg: Über den gelehrten Zunftzwang, Werke, Bd. 3, hrsg. von Gerhard Steiner, Frankfurt a.M. 1970.
Frantz, Konstantin: "Zur Rechtsprechung des Reichsgerichts auf familienrechtlichem Gebiet", in: NJW 1949, S. 448-450.
Gerhard, Ute: Verhältnisse und Verhinderungen, Frauenarbeit, Familie und Rechte der Frauen im 19. Jahrhundert, Diss., Frankfurt a.M. 1978.
dies.: Gleichheit ohne Angleichung: Frauen im Recht, München 1990, zugl. Habil. Schr. Hannover 1987.
Gernhuber, Joachim: Neues Familienrecht, 1. Aufl., Tübingen 1977.
Gfrörer: "Das Recht der Familie im Dritten Reich", in: DR 1934, S. 151-154.
Gierke, Otto von: Der Entwurf eines bürgerlichen Gesetzbuchs und das dutsche Recht, 2. Auf., Leipzig, 1889.
Giesen, Dieter: "Einzelfallgerechtigkeit als Problem – Zur Entwicklung des Scheidungs- und Scheidungsfolgenrchts in Deutschland", in: FamRZ 1984, S. 1188-1197.

Görres, Johann Joseph von: Die Übergabe der Adresse der Stadt Koblenz an den König, Ges. Schr., Hist. Krit. Gesamtausgabe, Bd. 13, hrsg. von W. Schellberg u.a. 1926.
ders.: Deutschland und die Revolution, Ges. Schr., Hist. Krit. Gesamtausgabe, Bd. 13, hrsg. von W. Schellberg u.a. 1926.
Gordon, Michael: Das Wesen der Ehe, Die wechselnde Auffassung der Ehe im Wandel der Verfassungsepochen des 20. Jahrhunderts, Diss, Berlin 1978.
Grötzsch, Walter: Die Unterhaltspflicht der geschiedenen Ehegatten nach den §§ 1678-1583 BGB, Diss., Leipzig 1920.
Grimm, Jacob: Deutsche Rechtsaltertümer, 4. Aufl., Leipzig 1922.
Grotius, Hugo: De jure belli ac pacis, libri tres, deutscher Text von Walter Schätzel, in: Die Klassiker des Völkerrechts, Bd. I, Tübingen 1950.
Gürtner, Franz: "Über den Unterhaltsanspruch der geschiedenen Frau", DR 1939, S. 467-470.
Hachenburg, Max: Der Verband "Eherechtsreform", in JW 1922, S. 5.
ders.: Das Bürgerliche Gesetzbuch für das Deutsche Reich, Vorträge gehalten in den Jahren 1896/97, 2. Aufl., Mannheim 1900.
Hagemeyer: Denkschrift über die zur Anpassung des geltenden Familienrechts an den Grundsatz der Gleichberechtigung von Mann und Frau (Art. 3 Abs. 2 GG) erforderlichen Gesetzesänderungen, Teil 1, Köln 1951.
Hattenhauer, Hans: "Das Zerrüttungsprinzip", in: Recht und Rechtserkenntnis, FS für Ernst Wolf zum 70. Geburtstag, hrsg. von Dietrich Bickel, Köln, Berlin, Bonn, München 1985.
ders.: Die geistesgeschichtlichen Grundlagen des deutschen Rechts, 2,. Aufl., Heidelberg 1980.
Heide, Manuel: Scheidungsrechtsreform und Eheverständnis in der Weimarer Republik und in beiden Teilen Deutschlands, Diss., Berlin 1987.
Heusler, Andreas: Institutionen des deutschen Privatrechts, Bd. 1, Leipzig 1885.
Hitler, Adolf: Mein Kampf, 10. Aufl., München 1939.
Holzhauer, Heinz: "Die Scheidungsgründe in der nationalsozialistischen Familiengesetzgebung", in: NS-Recht in historischer Perspektive, S. 53-70, München, Wien 1981.
Hübner, Konrad: "Gleiche Rechte für Mann und Frau", in: Beihefte zur Deutschen Rechtszeitschrift, Bd. 14, S. 43-96, Tübingen 1950.
Hübner, Rudolf: Grundzüge des Deutschen Privatrechts, 5. Aufl., Leipzig 1930.
Huhn, Dieter: "Über einverständliche Ehescheidung und Unterhaltsverzicht", in: FamRZ 1967, S. 267-270.
Isele, Helmut Georg: "Ein halbes Jahrhundert deutsches Bürgerliches Gesetzbuch", in: AcP 150, S. 1-27.

Jastrow, Hermann: Das Recht der Frau nach dem Bürgerlichen Gesetzbuch – Dargestellt für die Frauen –, Berlin 1897.

Jonas, Martin: "Zum neuen Ehescheidungsrecht", in: FS für Erwin Bumke zum 65. Geburtstag, S. 203-217, hrsg. von Wolfgang Mettgenbach, Berlin 1939.

Kahl, Wilhelm: "Zur Reform des Ehescheidungsrechts", in: DJZ 1927, Sp. 553-564.

ders.: "Ehescheidung wegen objektiver Ehezerrüttung", in: Beiträge zur Erläuterung des Deutschen Rechts, S. 1-15, Begr. von J. A. Gruchot, Bd. 67 (Neue Folge 4), hrsg. von Schlegelberger u.a., Berlin 1925.

Kant, Immanuel: Beantwortung der Frage: Was ist Aufklärung? (1784), Werksausgabe, hrsg. von der Preußischen Akademie der Wissenschaft, Bd. 8, 1912.

ders.: Methaphysik der Sitten, Rechtslehre (1797), Werksausgabe, hrsg. von der Preußischen Akademie der Wissenschaft, Bd. 6, 1907.

Kaser, Max: Das Römische Privatrecht, 2. Aufl., München 1971.

ders.: Das Römische Privatrecht, 15. Aufl., München 1989.

Kiefner, Hans: "Lex frater a fratre", Institution und Rechtsinstitut bei Savigny, in: Rechtstheorie, Bd. 10, S. 129-141, Berlin 1979.

Kipp, Theodor: Verhandlungen des 33. Deutschen Juristentages in Heidelberg, hrsg. von dem Schriftführer-Amt der ständigen Deputation, Berlin und Leipzig 1925.

Kleinewerfers, Anneliese: Ehefrau und ehemännliches Entscheidungsrecht, Diss., Bonn 1939.

Klinsiek, Dorothee: Die Frau im NS-Staat, in: Schriftenreihe der Vierteljahreshefte für Zeitgeschichte, Nr. 44, Stuttgart 1982.

König, Cosima: Die Frau im Recht des Nationalsozialismus, Eine Analyse ihrer familien-, erb-, und arbeitsrechtlichen Stellung, Europäische Hochschulschriften: Reihe 2, Rechtswissenschaft, Bd. 699, Frankfurt a. M. 1988, zugl. Diss., Bielefeld 1987.

Köstler, W.: "Muntgewalt und Ehebewilligung in ihrem Verhältnis zueinander nach langobardischem und fränkischem Recht", in: ZRG, Bd. XXIX, S. 78 ff.

Kraut, Antonie: Die Stellung der Frau im württembergischen Privatrecht – eine Untersuchung über Geschlechtsvormundschaft und Interzessionsfrage, Diss., Tübingen 1934.

Kraut, Wilhelm Theodor: Die Vormundschaft nach den Grundsätzen des Deutschen Rechts, Zweiter Band, Göttingen 1847.

Kroeschell, Karl: Haus und Herrschaft im frühen deutschen Recht, Göttingen 1968.

Kropholler, Jan: Gleichberechtigung durch Richterrecht, Bielefeld 1975.

Krüger, Hildegard: "Der Name der Frau nach bürgerlichem Recht", in: AcP Bd. 156 (36 N.F.), S. 231-264, Tübingen 1957.

Lange, Heinrich: Nationalsozialismus und Bürgerliches Recht, in: Nationalsozialistisches Handbuch für Recht und Gesetzgebung, S. 933-956, hrsg. von Hans Frank, München 1935.

Lange, Hermann: "Kontinuität und Diskontinuität in der Entwicklung des Familienrechts", in: Tradition und Fortschritt im Recht, FS der Tübinger Juristenfakultät zu ihrem 500 jährigen Bestehen, S. 355-376, hrsg. von Joachim Gernhuber, in: Tübinger Rechtswissenschaftliche Abhandlungen Bd. 46, Tübingen 1977.

Lehmann, Heinrich: Deutsches Familienrecht, 2. Aufl., Berlin 1948.

Lücke, Gerhard: "Die persönlichen Ehewirkungen und die Scheidungsgründe nach dem neuen Ehe- und Familienrecht", in: FS für Friedrich Wilhelm Bosch zum 65. Geburtstag, S. 627-643, hrsg. von Walter J. Habscheid u.a., Bielefeld 1976.

Martiny, Martin: Integration oder Konfrontation? – Studien zur Geschichte der sozialdemokratischen Rechts- und Verfassungspolitik, in: Schriftenreihe des Forschungsinstituts der Friedrich-Ebert-Stiftung, Bd. 122, Bonn, Bad Godesberg 1976.

Maßfeller, Franz: Das neue Ehegesetz vom 6. Juli 1938, Kommentar, Berlin 1938.

ders.: Das neue Familienrecht – Gesetzentwurf über die Gleichberechtigung von Mann und Frau, Frankfurt a. M., Berlin 1952.

Mead, Margot: Mann und Weib, Das Verhältnis der Geschlechter in einer sich wandelnden Welt, Hamburg 1955.

Menger, Anton: Das bürgerliche Recht und die besitzlosen Volksklassen, Eine Kritik des Entwurfs eines bürgerlichen Gesetzbuches für das Deutsche Reich, Tübingen 1890.

Mestwerdt, Reinhard: Das Sozialbild der Ehe im Spiegel von Gesetzgebung und Rechtsprechung der letzten 150 Jahre, Diss., Göttingen 1961.

Meyer, H.: "Friedelehe und Mutterrecht", in: ZRG(GA) 47 (1927) S. 198-224.

Mikat, Paul: "Zur Bedeutung Friedrich Carl von Savignys für die Entwicklung des Deutschen Scheidungsrechts im 19. Jahrhundert", in: FS für Friedrich Wilhelm Bosch zum 65. Geburtstag, hrsg. von Walter J. Habscheid u.a., Bielefeld 1976.

ders.: "Ehe", in: HRG I, Sp. 809-833, hrsg. von Adalbert Erler u. Eckehard Kaufmann.

Mitteis, Heinrich: Bürgerliches Recht, Familienrecht, 3. Aufl., in: Enzyklopädie der Rechts- und Staatswissenschaften, Abteilung Rechtswissenschaften, Begr. von F. von Liszt u. W. Kaskel, Berlin 1931

Mitteis, Heinrich / Lieberich, Heinz: Deutsche Rechtsgeschichte, 15. Aufl., München 1978.
Motive: Motive zu dem Entwurfe eines Bürgerlichen Gesetzbuches für das Deutsche Reich, Bd. IV, Familienrecht, Berlin u. Leipzig 1888.
Müller-Freienfels, Wolfram: Ehe und Recht, Tübingen 1962.
ders.: "Zur Diskussion um die systematische Einordnung des Familienrechts", Teil II, in: RabelsZ 1974, S. 532-570.
ders.: "Gleichberechtigungsprinzip und eheliches Güterrecht", in: Seminar, Familie und Familienrecht, Bd. 1, S. 258-272, hrsg. von Spiros Simitis u. Gisela Zenz, Fankfurt a. M. 1975.
ders.: Zur heutigen "Schlüsselgewalt", in: Das Deutsche Privatrecht in der Mitte des 20. Jahrhunderts, FS für Heinrich Lehmann zum 80. Geburtstag, hrsg. von H.C. Nipperdey, Bd. I, Berlin 1956.
Münchener Kommentar: Bürgerliches Gesetzbuch, Familienrecht I, Bd. 7, (§§ 1297-1588), hrsg. von Kurt Rebmann u. Franz Jürgen Säcker, 3. Aufl., 1993.
Mugdan, Benno (Hrsg.): Die gesamten Materialien zum Bürgerlichen Gesetzbuch für das Deutsche Reich, Bd. IV, Berlin 1899.
Munk, Marie: Vorschläge zur Umgestaltung des Rechts der Ehescheidung und der elterlichen Gewalt nebst Gesetzentwurf, Denkschrift des Bundes Deutscher Frauenvereine, Berlin 1925.
dies.: "Die Befreiung der Frau von der Vorherrschaft des Mannes und Beteiligung der Frau an dem während der Ehe erworbenen Vermögenszuwachs", in: Verhandlungen des 33. Deutschen Juristentages in Heidelberg, hrsg. von dem Schriftführer-Amt der ständigen Deputation, Berlin und Leipzig 1925.
Neupert, Arthur: Die eheliche Arbeitsgemeinschaft, Diss., Halle-Wittenberg 1938.
Nipperdey, Hans Carl (Hrsg.): Die Grundrechte und Grundpflichten der Reichsverfassung, Kommentar zum zweiten Teil der Reichsverfassung, Zweiter Band: Artikel 118-142, Berlin 1930.
Ogris, Werner: "Beisitz der Witwe", in: HRG I, Sp. 355-356, hrsg. von Adalbert Erler u. Eckehard Kaufmann.
ders.: "Dos", in: HRG I, Sp. 775-778, hrsg. von Adalbert Erler u. Eckehard Kaufmann.
ders.: "Güterrecht, eheliches", in: HRG I, Sp. 1874-1876, hrsg. von Adalbert Erler u. Eckehard Kaufmann.
ders.: "Munt, Muntgewalt", in HRG III, Sp. 750-761, hrsg. von Adalbert Erler u. Eckehard Kaufmann.
Opet: Kommentar zum Bürgerlichen Gesetzbuch, Das Familienrecht des Bürgerlichen Gesetzbuchs, Erläutert von O. Opet u. W. von Blume, Berlin 1906.
Palandt, Otto: Bürgerliches Gesetzbuch , 6. Aufl., München 1944.

ders.: Bürgerliches Gesetzbuch, 26. Aufl., München und Berlin 1967.
Petzina, Dietmar / Abelshauser, Werner / Faust, Anselm: Sozialgeschichtliches Arbeitshandbuch, Bd. 3, Materialien zur Statistik des Deutschen Reiches 1914-1945, München 1978.
Pfaff, L.: Gutachten über die Gesetzgebungsfrage: "Soll die väterliche Gewalt insbesondere als Grund der Beschränkung der Handlungsfähigkeit kraft des Gesetzes mit der Großjährigkeit des Hauskindes erlöschen?" in: Verhandlungen des Zwölften deutschen Juristentages, Bd. 1, S. 158-170, Berlin 1874.
Planck, Gottlieb: Die rechtliche Stellung der Frau nach dem bürgerlichen Gesetzbuch – Vortag zum Besten des Göttinger Frauenvereins, 2. Aufl., Göttingen 1899.
ders.: Bürgerliches Gesetzbuch, Kommentar, Vierter Band, Familienrecht, Erste und zweite Aufl., Berlin 1901.
ders.: "Zur Kritik des Entwurfes eines bürgerlichen Gesetzbuches für das deutsche Reich", in: AcP 75 (25), S. 327-429.
Planitz, Hans / Eckhardt, Karl August : Deutsche Rechtsgeschichte, Graz, Köln 1961.
Puchta, Georg Friedrich: Pandekten, 9. Aufl., Leipzig 1863, Nach dem Tode des Verfassers besorgt von August Friedrich Rudorff.
Pufendorf, Samuel: De jure naturae et gentium, libri octo, 1688, Oxford 1934, Intuduetion by Walter Simons.
Ramm, Thilo: "Gleichberechtigung und Familienname", in: FamRZ 1962, S. 281-286.
ders.: "Eherecht und Nationalsozialismus", in: FS für Ernst Fraenkel zum 75. Geburtstag (Klassenjustiz und Pluralismus), S. 151-166, hrsg. von Günter Doeker u. Winried Steffani, Heidelberg 1973
ders.: Das nationalsozialistische Familien- und Jugendrecht, Heidelberger Forum, Bd. 24, Heidelberg 1984.
ders.: Familienrecht, Bd. I, Recht der Ehe, München 1985.
Rebstein-Metzger, Emmy: "Inwieweit bedürfen die familienrechtlichen Vorschriften des Bürgerlichen Gesetzbuchs mit Rücksicht auf den die Gleichberechtigung der Geschlechter aussprechenden Art. 119 Abs. 1 RVerf. einer Änderung?", in: Verhandlungen des 36. Deutschen Juristentages, Bd. 1 (Gutachten), S. 540-591, Berlin u. Leipzig 1932.
Regelsberger, Ferdinand: Pandekten, Erster Band, Leipzig 1893.
Reicke, Siegfried: Geschichtliche Grundlagen des deutschen Eheschließungsrechts VI, in: Hans Dombois, Kirche und Eherecht, Studien und Abhandlungen 1953-1972, S. 27 ff., Stuttgart 1974.

RGRK: Das Bürgerliche Gesetzbuch mit besonderer Berücksichtigung der Rechtsprechung des Reichsgerichts, Bd. IV, Familienrecht, 9. Aufl., Berlin 1940.
Rosenberg, Alfred: Der Mythos des 20. Jahrhunderts, 39./40. Aufl., München 1934.
ders.: Blut und Ehre, München 1934.
Rosenberg, Curt: Anmerkung zu RGZ 124, 54 ff., in: JW 1930, S. 986-987.
Rothe, G.: Die elterliche Gewalt nach dem Bürgerlichen Gesetzbuch, Diss., Erlangen 1905.
Rüthers, Bernd: Institutionelles Rechtsdenken im Wandel der Verfassungsepochen, Bad Homburg, Berlin, Zürich 1970.
ders.: Die unbegrenzte Auslegung – Zum Wandel der Privatrechtsordnung im Nationalsozialismus, 4. Aufl., Heidelberg 1991.
Savigney, Friedrich Carl von: System des heutigen Römischen Rechts, Erster Band, Berlin 1840.
ders.: System des heutigen Römischen Rechts, Dritter Band, Berlin 1840.
ders.: System des heutigen Römischen Rechts, Achter Band, Berlin 1849.
ders.: "Darstellung der in den Preußischen Gesetzen über die Ehescheidung unternommenen Reform", in: Vermischte Schriften, fünfter Band, S. 222-414, Berlin 1850.
Scanzoni, Gustav von: "Scheidung ohne Verschulden", in: DR 1940, S. 753-768.
ders.: Das großdeutsche Ehegesetz vom 6. Juli 1938, Kommentar, 2. Aufl., Berlin 1939.
Scheffler, Erna: "In welcher Weise empfiehlt es sich, gemäß Art. 117 GG das geltende Recht an Art. 3 GG anzupassen?", in: Verhandlungen des 38. Deutschen Juristentages, S. 3 ff., Tübingen 1951.
dies.: Die Stellung der Frau in Familie und Gesellschaft im Wandel der Rechtsordnung seit 1918, Frankfurt a. M., Berlin 1970.
Scheidler, Karl Hermann: Art. "Emanzipation", in: Allgemeine Encyklopädie der Wissenschaft und Künste, Erste Sektion A-G, hrsg. von J.S. Ersch u. J.G. Gruber, Vierunddreißigster Theil, S. 2 ff., Leipzig 1840, neu abgedruckt in: Emanzipation, hrsg. von Martin Greiffenhagen, S. 48-74, Hamburg 1973.
Schlosser, Hans: Grundzüge der neueren Privatrechtsgeschichte, 4. Aufl., Heidelberg 1982.
Schmelzeisen, G.K.: Die Rechtsstellung der Frau in der deutschen Stadtwirtschaft, Eine Untersuchung zur Geschichte des deutschen Rechts, in: Arbeiten zur deutschen Rechts- und Verfassungsgeschichte, Heft X, hrsg. von Johann Haller, Philip Heck u. Arthur B. Schmidt, Stuttgart 1935.
Schmidt, Klaus: Die Entstehung der güterrechtlichen Vorschriften im Bürgerlichen Gesetzbuch unter besonderer Berücksichtigung der sozialen Stellung der

Frau, in: Schriften zur Rechtsgeschichte, Heft 46, Berlin 1990, zugl. Diss., Regensburg 1989.
Schröder, Richard: Geschichte des ehelichen Güterrechts in Deutschland, Bd. 2, Aalen 1967.
Schubert, Werner: Das Familien- und Erbrecht unter dem Nationalsozialismus – Ausgewählte Quellen zu den wichtigsten Gesetzen und Projekten aus den Ministerialakten, Paderborn, München, Wien, Zürich 1993.
ders.: Die Projekte der Weimarer Republik zur Reform des Nichtehelichen-, des Adoptions- und Ehescheidungsrechts, in: Rechts- und Staatswissenschaftliche Veröffentlichung der Görres-Gesellschaft, Neue Folge, Heft 43, hrsg. von A. Hollerbach, H. Maier, P. Mikat, Paderborn, München, Wien, Zürich 1986.
Schwab, Dieter: "Zur Geschichte des verfassungsrechtlichen Schutzes von Ehe und Familie", in FS für Friedrich Wilhelm Bosch zum 65. Geburtstag, hrsg. von W.J. Habscheid u.a. Bielefeld 1976.
ders.: Verhinderung der "Scheidung zur Unzeit"? – Zur Funktion und Reform des § 1568, in: FamRZ 1984, S. 1171-1175.
ders.: Art. "Familie" in: Geschichtliche Grundbegriffe, Historisches Lexikon zur politisch-sozialen Sprache, Bd. 2, S. 253-301, hrsg. von O. Brunner, W. Conze, R. Koselleck, Stuttgart 1975.
Schwarz, A.B.: Rezeption und Assimilation, Rechtsgeschichte und Gegenwart, 1960.
Schwind, Fritz: Römisches Recht, Bd. I, Wien 1950.
Seckendorf, Veit Ludwig von: Christen Staat, Leipzig 1716.
Seidel, Erwin: Römisches Privatrecht, Köln, Berlin, Bonn, München 1963.
Simitis, Spiros: "Zur Situation des Familienrechts – Über einige Prämissen", in: Seminar: Familie und Familienrecht, Bd. 1, hrsg. von Spiros Simitis u. Gisela Zens, S. 15-63, 1. Aufl., Frankfurt a. M. 1975
Sintenis, Carl Fried. Ferdinand: Das practische gemeine Civilrecht, Dritter Band, Das Familien und Erbrecht, 3. Aufl., Leipzig 1869.
Skaupy, Walter: "Wann ist die geschiedene Frau nach dem neuen Ehegesetz zur Übernahme einer Erwerbstätigkeit verpflichtet?", in: DR 1939, S. 344-346.
Slupik, Vera: Die Entscheidung des Grundgesetzes für Parität im Geschlechterverhältnis – Zur Bedeutung von Art. 3 Abs. 2 u. Abs. 3 GG in Recht und Wirklichkeit, Berlin 1988, zugl. Diss., Frankfurt a. M. 1987.
Soergel: Kommentar zum Bürgerlichen Gesetzbuch, Bd. III, 6. Aufl., Stuttgart, Leipzig, Berlin 1937.
Sohm, Rudolf: Institutionen, Geschichte und System des römischen Privatrechts, 13. Aufl., Leipzig 1908.
ders.: Institutionen, Geschichte und System des römischen Privatrechts, bearb. von Ludwig Mitteis, hrsg. von Leopold Wenger, 17. Aufl., Berlin 1949.

Spaemann, Robert: "Emanzipation" in: Politische Begriffe im Meinungsstreit, Schriftenreihe der Bundeszentrale für politische Bildung, Bd. 163, S. 149-156, hrsg. von M. Greiffenhagen, München 1980.
Staudinger, Julius von: Kommentar zum Bürgerlichen Gesetzbuch, Bd.IV, Familienrecht, Teil 1, Erleutert von Theodor Engelmann, 3./4. Aufl., München 1908.
ders.: Kommentar zum Bürgerlichen Gesetzbuch, Bd. IV, Familienrecht, Teil 3a, §§ 1589-1698b, 10./11. Aufl., Berlin 1966.
ders.: Kommentar zum Bürgerlichen Gesetzbuch, Bd. IV, Familienrecht, Teil 1, §§ 1297-1362, 10./11. Aufl., Berlin 1975.
ders.: Kommentar zum Bürgerlichen Gesetzbuch, Bd. IV, Familienrecht, Teil 2, §§ 1363-1562, 12. Aufl., Berlin 1985.
Stobbe, Otto: Handbuch des Deutschen Privatrechts, Vierter Band, bearb. von H.D. Lehmann, Berlin 1900.
Svarez, Carl Gottlieb: Vorträge über Recht und Staat, hrsg. von Hermann Conrad und Gerd Kleinheyer, Köln Opladen 1960.
Triebel, Heinz: Die wirtschaftliche Stellung der deutschen Ehefrau in Vergangenheit, Gegenwart und Zukunft, Diss., Halle, Wittenberg 1936.
Twellmann, Margit: Die deutsche Frauenbewegung, Ihre Anfänge und erste Entwicklung, Meisenheim am Glan 1972.
Unger, Joseph: System des österreichischen allgemeinen Privatrechts, Erster Band, 5. Aufl., Leipzig 1892.
Wackernagel, Wilhelm: Familienrecht und Familienleben der Germanen, Schreibers Taschenbuch 5, S. 259 ff., 1846, neu abgedruckt in den kleineren Schriften I, S. 1-34, 1872.
Waitz, Georg: über die Bedeutung des Mundium im deutschen Recht, in: Gesammelte Abhandlungen I, S. 369-381, Leipzig 1896.
Walter, Wilhelm: Zur juristischen Methodenlehre im 19. Jahrhundert – Die Herkunft der Methode Paul Labands aus der Privatrechtswissenschaft, in: Frankfurter Wissenschaftliche Beiträge, Rechts- und Wirtschaftswissenschaftliche Reihe, Bd. 14, Frankfurt a. M. 1958.
Weber, Marianne: Ehefrau und Mutter in der Rechtsentwicklung, Tübingen 1907.
dies.: "Inwieweit bedürfen die familienrechtlichen Vorschriften des Bürgerlichen Gesetzbuches mit Rücksicht auf den die Gleichberechtigung der Geschlechter aussprechenden Art. 119 Abs. 1 Satz 2 RVerf. einer Änderung?", in: Verhandlungen des 36. Deutschen Juristentages, Zweiter Band: Stenographischer Bericht, S. 94-106, Berlin u. Leipzig 1932.
Weber-Will, Susanne: Die Stellung der Frau im Privatrecht des Preußischen Allgemeinen Landrechts von 1794, in: Europäische Hochschulschriften, Reihe II, Rechtswissenschaft, Bd. 300, Frankfurt a. M., Bern, New York, 1983.

Wellschmied, Karl: Hugo Grotius' Inleidinge tot de Hollandsche Rechts-Geleerdheid und das Recht seiner Zeit, Diss., Göttingen 1950.
Wieacker, Franz: Privatrechtsgeschichte der Neuzeit unter besonderer Berücksichtigung der deutschen Entwicklung, 2. Aufl., Göttingen 1967.
Wieland, Christoph Martin: "Eine Lustreise ins Elysium" (1787) in: AA, 1. Abt., Bd. 15, S. 100 ff. Historsch-kritische Gesamtausgabe, hrsg. von der Preuß. (Dt) Akad. d. Wiss., 1930.
Windscheid, Bernhard: Lehrbuch des Pandektenrechts unter vergleichender Darstellung des deutschen bürgerlichen Rechts, bearb. von Theodor Kipp Bd. 1, Bd. 3, Frankfurt a. M. 1906, Neudruck Aalen 1963.
Wolf, Erik: Grosse Rechtsdenker der deutschen Geistesgeschichte, 4. Aufl., Tübingen 1963.
Wolf, Ernst / Lücke, Harald / Hax, Herbert: Scheidung und Scheidungsrecht, Grundfragen der Ehescheidung in Deutschland, Untersucht an Hand der Statistiken, Tübingen 1959.
Zahn, Friedrich: "Beruf und Berufsstatistik", in: Handwörterbuch der Staatswissenschaft, Bd. II, S. 793-835, 3. Aufl., hrsg. von J. Conrad, Jena 1909.
Ziegenhierd, von: Die Schlüsselgewalt der Ehefrau nach altem und neuem deutschen Recht nebst einem Vergleich mit dem römischen Recht, Diss., Leipzig 1905.
Zweigert, Konrad: Einführung in die Rechtsvergleichung auf dem Gebiete des Privatrechts, Bd. I, Grundlagen, Tübingen 1971.

Abkürzungsverzeichnis

Die in dieser Arbeit verwendeten Abkürzungen entsprechen durchweg dem heute allgemein üblichen Gebrauch, so wie sie bei Kirchner, Abkürzungsverzeichnis der Rechtssprache, 4. Auflage, bearbeitet von Hildebert Kirchner, Berlin, New York 1993, wiedergegeben sind.

Nachfolgend sind daher nur zusätzliche Abkürzungen aufgeführt.

AKDR	Akademie für Deutsches Recht
bes.	besonders
bzw.	beziehungsweise
bzgl.	bezüglich
ca.	cirka
DDP	Deutsche Demokratische Partei
d.Verf.	der Verfasser
Dr.	Doktor
ED-DVO	Erste Durchführungsverordnung zur Gewährung von Ehestandsdarlehen v. 20.6.1933; (RGBl. I, S. 377 ff.)
EheG 38	Gesetz zur Vereinheitlichung des Rechts der Eheschließung im Lande Österreich und im übrigen Reichsgebiet v. 6.7.1938 (RGBl. I, S. 807 ff.)
Einl.	Einleitung
j.b.	de jure belli ac pacis
m.E.	meines Erachtens
m.N.	mit Nachweisen
Rdn.	Randnummer
RM	Reichsmark
RGRK (+ Bearbeiter)	Das Bürgerliche Gesetzbuch mit besonderer Berücksichtigung der Rechtsprechung des Reichsgerichts und des Bundesgerichtshofes, Kommentar
sc	senatus consultum
Schwsp.	Schwabenspiegel
sog.	sogenannte
Ssp	Sachsenspiegel
vgl. o.	vergleiche oben
vgl. u.	vergleiche unten

VO	Vormundschaftsordnung
Vorbem.	Vorbemerkung
weit. Hinw.	weitere Hinweise
z.B.	zum Beispiel
Ziff.	Ziffer

Gliederung

A. Einleitung

Die Reformbestrebungen auf dem Gebiet des Familienrechts versuchten und versuchen vor allem der Forderung gerecht zu werden, den verfassungsmäßig gewährleisteten Grundsatz der Gleichberechtigung der Geschlechter im Privatrecht zu verwirklichen. Die Entwicklungsgeschichte des Gleichheitsgrundsatzes, soweit er sich auf die Gleichbehandlung der Geschlechter bezieht, wird jedoch erst seit den revolutionären Bewegungen des 18. und 19. Jahrhunderts geschrieben. Die Aussagekraft für das Privatrecht ist hierbei sehr gering, da der Kampf um die Gleichstellung primär im öffentlichen Recht geführt wurde. Das Privatrecht hat jedoch in seiner Entwicklungsgeschichte ein eigenständiges System der Gleichberechtigung von Mann und Frau hervorgebracht, das die Gleichberechtigung durch eine Verteilung unterschiedlicher Rechte und Pflichten herzustellen trachtete und dem Prinzip des verfassungsrechtlichen Gleichbehandlungsgebotes zu widerstehen vermochte[1]. So gesehen, stellen sich die Reformen des Familienrechts nicht als ein Akt der Pflichterfüllung gegenüber dem Verfassungsauftrag dar, sondern als ein Schritt der Rechtsangleichung an geänderte soziale Verhältnisse.

Zielsetzung des Verfassers ist es, die Interessen der Gesetzgeber in der Rechtsentwicklung, die Frauenemanzipation betreffend, im Bereich des Familienrechts sowie die legislative Umsetzung zu untersuchen. Die Forderung nach Gleichberechtigung suggeriert hierbei den Eindruck, als decke sich ihre Verwirklichung mit der Emanzipation der Frau. Die Emanzipation ist jedoch die bewußtseinsmäßige Voraussetzung der Gleichberechtigung. Nach S. Simitis[2] ist die Gleichberechtigung "insofern ein Vehikel der Emanzipation, als sie sich gegen Abhängigkeiten richtet, die sich aus der bislang auch von der Rechtsordnung akzeptierten und zementierten unterschiedlichen Behandlung von Mann und Frau ergeben."

---

1 Vgl. dazu die heftig umstrittene Grundsatzformel des Bundesverfassungsgerichts, die in seiner ersten Entscheidung zu Art. 3 Abs. 2 GG aus dem Jahre 1953 mitgeprägt wurde; BVerfGE 3, 225 (242): "Es bedarf kaum eines Hinweises, daß ... im Hinblick auf die objektiven biologischen oder funktionalen (arbeitsteiligen) Unterschiede nach der Natur des jeweiligen Lebensverhältnisses auch eine besondere rechtliche Betrachtungsweise erlaubt oder sogar notwendig ist."

2 S. Simitis, Zur Situation des Familienrechts – Über einige Prämissen, in: Simitis/Zens, Seminar, S. 15 (23).

Die Arbeit schließt mit dem Gleichberechtigungsgesetz aus dem Jahre 1957. Die danach folgenden drastischen Veränderungen für die Frau, wie beispielsweise durch das "Erste Gesetz zur Reform des Ehe- und Familienrechts", haben den Bereich des Rechtshistorischen verlassen. Die Auswirkungen auch darauffolgender Reformen werden als bekannt vorausgesetzt.

Ebenfalls ausgespart wird das Familienrecht der Deutschen Demokratischen Republik. Zwar ist die Gleichstellung von Frauen und Männern schneller und radikaler durchgesetzt worden als in der Bundesrepublik Deutschland, und dies nicht allein mit dem Hintergedanken, die Frauen besser in den Produktionsprozeß einzubinden. Das sozialistische Ehemodell, gestützt auf staatliche Entscheidung, hat die weitere Entwicklung in der Bundesrepublik nicht beeinflußt[3].

I. Problemstellung

Diese Arbeit hat zwei gleichwertige Teile. Der erste Teil betrachtet die fränkisch-germanische Zeit über das Mittelalter hin zum rezipierten Recht und die Partikularrechte. Das Vernunftsrecht sowie das Allgemeine Landrecht für die Preußischen Staaten werden fernerhin untersucht. Den Abschluß des ersten Teils bildet die Auffassung von Savigniy und von Windscheid.

Der zweite Teil beginnt mit der Kodifikation des Bürgerlichen Gesetzbuches und zeigt die Reformbestrebungen der Weimarer Republik. In zeitlicher Reihenfolge schließt sich das Frauenbild des Nationalsozialismus an. Den Schluß bildet die Emanzipation in der Bundesrepublik Deutschland bis zum Inkrafttreten des Gleichberechtigungsgesetzes.

Es wird in den einzelnen Epochen die Stellung der Frau untersucht. Die Untersuchung erfolgt sowohl für die verheiratete als auch für die unverheiratete Frau. Zur Untersuchung mit herangezogen werden die jeweiligen Lebensverhältnisse bzw. deren Änderungen, äußere Einflüsse, wie beispielsweise das Entstehen der Städte.

Was in der Arbeit nur am Rande gestreift werden kann, ist die faktische Emanzipation, losgelöst von der rechtlichen. Quellenarmut läßt hier keine gesicherten Erkenntnisse entstehen.

Die faktische Emanzipation darf jedoch nicht unterschätzt werden. Sie ist oft geprägt durch die jahrelange Beziehung zweier Personen, die, losgelöst von

3 Das FGB 1965 der DDR bzw. das am 1.10.1990 in Kraft getretene FGB hatten nach dem 3.10.1990 keine Bedeutung mehr.

Rechtsnormen, ein eigenes System des Zusammenlebens erlebten und hieraus ihr eigens gerechtes System zu entwickeln wußten[4].

Fast immer jedoch stand die zweitrangige Rechtsstellung der Frau unter legislativem Denkmalschutz. In jeder Epoche wurde diese Rechtsstellung hinterfragt. Sei es, daß man nach neuen Begründungen gesucht hat, um die Zweitrangigkeit zu rechtfertigen, sei es, daß sich Tendenzen einer Besserung auftaten.

Bevor jedoch auf weitere Einzelheiten einzugehen ist, bedarf es der Klärung, was überhaupt unter Emanzipation zu verstehen ist.

II. Was bedeutet Emanzipation?

Seit den 60er Jahren des 20. Jahrhunderts hat der Begriff der Emanzipation einen solch verstärkten Einfluß gewonnen, daß er allgemein verständlich wurde. Ob dieses allgemeine Wortverständnis jedoch der tatsächlichen Wortbedeutung entspricht, erscheint fraglich. Der Begriff wurde zur politisch-philosophischen Grundaussage überhaupt und verlor in dieser Universalisierung wohl nicht selten den Bezug auf konkrete und realisierbare Ziele.

Zudem hat das Wort einen Bedeutungswandel durchgemacht, an dessen Ende nach Robert Spaemann[5] der Begriff emanzipatorisch an die Stelle getreten sei, die dem Wort "gut" vorbehalten war. Somit scheint eine Klärung des heutigen Begriffsverständnisses vonnöten, wobei zunächst auf die Bedeutungsentwicklung einzugehen ist. Im Anschluß daran soll die eingangs gestellte Frage beantwortet werden.

Der Große Brockhaus[6] definiert Emanzipation als "die Befreiung von Individuen oder gesellschaftlichen Gruppen aus einem Verhältnis der rechtlichen, politisch-sozialen, geistigen oder psychischen Abhängigkeit". Im Handlexikon zur Politikwissenschaft[7] wird neben der tatsächlichen auch die gedankliche Abkehr

---

4 Als Beispiel sei hier der letzte Wille Martin Luthers dargestellt. Luther verfaßte am Dreikönigstag 1542 ein Testament, in welchem er seiner "lieben und treuen Hausfrau Katharin" seinen gesamten Besitz vermachte. Damit widersprach er dem geltenden Recht. Nach dem Ssp hatte die Witwe einen Anspruch auf ihre persönliche Habe. Immobilien und Vermögen stand den Kindern zu. Waren keine vorhanden, dann erbten die nächsten Blutsverwandten des Mannes. (Vgl. C.II.) Luthers Testament ist damit als frauenemanzipatorisch einustufen. Der Anfechtbarkeit seines Testamentes bewußt, bat er um Schutz seiner Verfügung. Zwei Monate nach seinem Tod erklärte Johann Friedrich das Testament für gültig. Vgl. E. Cordier, Rechtsbruch zu Käthes Gunsten" in: BZ, S. 17, vom 31.12.1996.

5 R. Spaemann, Emanzipation, S. 149 (149).

6 Der Große Brockhaus, Bd. 3, S. 436 (436).

7 B. Claußen, Handlexikon zur Politikwissenschaft, Emanzipation, S. 93 (93).

bzw. Auflösung von Verhältnissen der Abhängigkeit unterschiedlichen Grades mitumfaßt. Es handelt sich somit um eine Sammelbezeichnung für eine Vielzahl von Absichten, Vorgängen und Konsequenzen mehr oder minder erfolgreicher Befreiungsversuche mannigfachster Art. Die exakte inhaltliche Bestimmung dessen, was im allgemeinen und besonderen, was kurz- und langfristig unter Emanzipation verstanden wird, ist und war jedoch regelmäßig gebunden an Ort und Zeit.

1. Die römisch-rechtliche Tradition des Begriffes

Als Begriff geht die Emanzipation zurück auf das Römische Recht. 'Emancipatio', 'emancipare', von 'e manu capere', "aus der Hand nehmen, herauslassen, freilassen, befreien"[8], bezeichnete in der römischen Republik jenen Rechtsakt, kraft dessen ein pater familias sein Kind aus der väterlichen Gewalt entlassen konnte. Damit schied das Kind vollständig aus der Familie aus. Es wurde im zivilrechtlichem Sinne sui iuris. Politische Bürgerrechte, Handels- und Heiratsfähigkeit besaßen auch die nicht emanzipierten Söhne, denen allerdings keine Verfüngsgewalt über das Eigentum zukam. Ein rechtlicher Anspruch, sich vom Vater gewaltfrei zu machen, bestand nicht.

Die äußere Form der Emanzipation lehnt sich an eine Bestimmung des Zwölftafelgesetzes an: "*si pater filium ter venumduit, filius a pater liber esto*[9]. Der Vater verkaufte formal seinen Sohn dreimal an einen Dritten, von dem er ihn jeweils zurückkaufte. Hiernach konnte er seinen Sohn freilassen. Das römische Recht der Kaiserzeit verbesserte allmählich die Erwerbs- und Vermögensrechte der Söhne und verzichtete auf den symbolischen Akt. Der Begriff hingegen beinhaltete weiterhin einen Gnadencharakter.

2. Die Bedeutungsausweitung

Im 17. Jahrhundert kam im deutschen außerrechtlichen Bereich ein erweiterter Wortgebrauch auf, der, ausgehend vom rechtlichen Sinn der Mündigwerdung, auch eine Selbstermächtigung indizierte, die von der Rechtssprache gerade ausgeschlossen war. So spricht im Jahre 1685 Veit Ludwig v. Seckendorf[10] von ho-

---

8 Vgl. zum Folgenden: F. Schwind, Römisches Recht, Bd.1, S. 45; E. Seidl, Römisches Privatrecht, S. 223 f.; M. Kaser, Das römische Privatrecht, S. 69 ff. S. 349 ff.

9 R. Sohm, Institutionen, 13. Aufl., § 102, S. 622.

10 V. L. v. Seckendorf, Christen-Staat, S. 20 f.

hen Standespersonen und von solchen, "*die sich durch gunst oder andere mittel dem oberkeitlichen einsehen entziehen können, so gar frey ihren lüsten nachhangen, auch wohl die larve gar abziehen, und ohne scheu bekennen, daß sie von Gott und der religion nichts halten, sondern ihrer meynung nach sich von solchem zwang sehr weißlich und muthig, und wie sie zu reden pflegen, generose, oder cavalierement, und aus galanterie, freygemacht und emancipiret.*"

Damit wurde aber auch ein abwertender Sinn aufgenommen.

Im 18. Jahrhundert wurde der Rechtsbegriff der Emanzipation von der "Deutschen Encyclopädie"[11] kritisiert. Die römische patria potestas habe im Gewohnheitsrecht nichts zu suchen. Selbiges gelte somit auch für die Emanzipation. Kinder habe man hier nie als Knecht betrachtet, die man befreien müsse. Deshalb werde bei den Juristen eher von einer *quasi Emanzipation* gesprochen, wenn die drei üblicherweise damit verbundenen Tatbestände einzeln oder zusammen auftauchten: wenn die Kinder in den Ehestand treten oder "*ihr eigenes, vom Vater separiertes Haus anstellen*" oder wenn sie das Mündigkeitsalter von 25 Jahren erreicht haben[12]. Der Ausdruck Emanzipation sei einerseits verfehlt, da seit Justinian der vorangehende Verkauf in eines anderen Gewalt entfalle, also könne auch keine emancipatio stattfinden. Andererseits sei die väterliche Gewalt vom Naturrecht begrenzt. Sie habe ihren Zweck erfüllt, sobald die Kinder nicht mehr ernährt und in ihrer Entwicklung gefördert werden müßten. Die Abhängigkeit höre dann von selbst auf. Es handele sich also um eine ganz irrige Anwendung des römischen Rechts auf die den Deutschen eigenen Gewohnheiten, weshalb man sich am besten dieser Benennung enthalte[13]. Dieser rechtliche Befund leistete am Ende des 18. Jahrhunderts der sozialen und politischen Neubesetzung des Wortes Vorschub.

Rechtlich verlor der Begriff an Bedeutung. Das Allgemeine Landrecht für die Preußischen Staaten von 1794 verwandte den Ausdruck nicht[14].

Cristoph Martin Wieland kehrte dann wohl als erster den Ausdruck ins Politische, aber mit negativem Vorzeichen. Er vertrat die Auffassung, daß die Menschen zwar nicht beherrscht werden dürften – sie seien keine Sklaven -, wohl aber regiert werden müßten[15]. Eine Menge Volkes gleiche einer Menge großer Kinder, die in der natürlichen Freiheit unfähig sei, sich selbst zu leiten. "*Immer-*

---

11 Müller, Art. Emanzipation, S. 318 ff.

12 Müller, Art. Emancipation, S. 319. (Vgl. dazu F. Wieacker, Privatrechtsgeschichte der Neuzeit, S. 230).

13 Müller, Art. Emancipation, S. 319.

14 II 2 §§ 210 ff. ALR.

15 C. M. Wieland, Lustreise, S. 100 f.

währende Verwirrung, Anarchie und Rückfall in die alte Wildheit würde die unausbleibliche Folge einer solchen Emancipation desselben sein"[16].

Immanuel Kant hingegen wollte den Emanzipationsbegriff nicht aus seiner juristischen Umgrenzung lösen. In seinem Werk "Metaphysik der Sitten, Rechtslehre" verwendet er den juristischen Terminus korrekt im Sinne der "emancipatio tacita"[17]. Dafür aber knüpft Immanuel Kant seine Zukunftsperspektive zunehmender Selbstbestimmung an den deutschen Ausdruck Mündigkeit an. So definiert er Aufklärung als den "*Ausgang des Menschen aus seiner selbstverschuldeten Unmündigkeit*"[18]. Durch Freigabe der öffentlichen Kritik solle ein Raum geistiger Freiheit geschaffen werden als Vorbedingung auch der politischen Freiheit. Die Aufklärung als Anreiz und Vollzug der Mündigwerdung erstreckt sich damit auf einen Zeitraum und nicht auf einen einmaligen Akt der "Emanzipation".

Nur wenige Jahre später (1792) wurde das von Immanuel Kant umschriebene Geschehen von Georg Forster als Emanzipation im positiven Sinne bezeichnet. "*Unsere höhere Empfänglichkeit wurde vorausgesetzt, als man uns, statt aller Pfichten, das sanfte Geheiß der freien Humanität auferlegte: uns zu lieben untereinander. Diese Emanzipation vom blinden Gehorsam, die alle Zwangsmittel und alle Befehle überflüssig macht, setzt zugleich voraus, daß wir die Richtschnur unseres Verhaltens in unserem Inneren besitzen*"[19]. Damit wird erstmals die Herrschaftsfreiheit als Ziel einer Emanzipation anvisiert.

Die Ausweitung und Verzeitlichung des Bedeutungspotentials nutzte auch Joseph v. Görres, indem er 1818 an den preußischen König appellierte, den "*sich emanzipierenden Dritten Stand*" als Entwicklungsträger seines Staates endlich ernst zu nehmen[20].

Binnen weniger Jahrzehnte hatte sich somit der Anwendungsbereich vielfältig ausgeweitet. Der Emanzipationsbegriff hatte sich immer mehr von seinem personenbezogenen juristischen Herkunftssinn abgelöst, indem er nun auf Stände, Gruppen, Völker und die Menschheit angewendet wurde und sogar auf die "*sich emanzipierende Zeit*"[21]. Mit seiner positiven oder negativen Anwendung wurde der Ausdruck politisiert, mit seiner Verzeitlichung wurde der ursprünglich punk-

---

16 C. M. Wieland, Lustreise, S. 97.

17 I. Kant, Metaphysik der Sitten, Rechtslehre, § 29, S. 281.

18 I. Kant, Beantwortung der Frage: Was ist Aufklärung? , S. 35.

19 G. Forster, Über den gelehrten Zunftzwang, S. 369.

20 J. v. Görres, Die Übergabe der Adresse der Stadt Koblenz an den König, S. 27.

21 J. v. Görres, Deutschland und die Revolution, S. 133; Um Verfassungskonflikte zu diagnostizieren sprach v. Görres: "vom Geiste dieser nun wirklich sich emanzipierenden Zeit".

tuelle Übergang von einem Status in den anderen geschichtlich gedehnt. Emanzipation wurde zu einem antiständischen Begriff, der sowohl liberal wie demokratisch und später auch sozialistisch auslegbar war, ohne dabei seinen juristischen Bezug vollends zu verlieren.

Im Jahre 1840 hat Karl Hermann Scheidler für die "Allgemeine Encyklopädie der Wissenschaften und Künste" einen Grundsatzartikel geschrieben, in dem er den Begriff analysiert und geschichtsphilosophisch systematisiert hat. Nach Karl Hermann Scheidler gibt es neben der privatrechtlichen Emanzipation "*nun auch eine umfassende Bedeutung dieses Wortes im politischen, philosophischen und welthistorischen Sinne; welche Erweiterung keineswegs zufällig oder willkürlich, sondern im Wesen der Menschheit und dem Gange ihrer Entwicklung mit Nothwendigkeit begründet ist und durch welche die Emancipation zu dem praktisch wichtigsten aller Begriffe, namentlich aber zu dem Mittelpunkt aller Staatsfragen der Gegenwart oder unserer Zeit geworden ist*"[22]. Weiterhin erscheine das ganze Leben als "*ein universeller Emancipationsproceß*"[23], als "*ein dreifacher Emancipationskampf*"[24], nämlich als Kampf gegen die Naturabhängigkeit, als Kampf um die Unabhängigkeit des Menschen vom Menschen in einer vollkommen gerechten bürgerlichen Verfassung und als Kampf des Menschen mit sich selbst, "*um sich aus der Dienstbarkeit der Sinnlichkeit und Selbstsucht, sowie des blinden Mechanismus der Gewohnheit und des Autoritätsglaubens zu befreien*"[25]. Karl Hermann Scheidler hatte somit erstmals Emanzipation als universalen Oberbegriff für alle politischen Probleme seiner Zeit sowie als Zielbegriff definiert, den zu verwirklichen eine permanente und nie abschließbare Aufgabe der Menschheit sei. Damit aber diente seine Emanzipationsideologie nicht mehr dazu, den Kreis der Emanzipierten zu erweitern, sondern den Kreis derer, die vorerst als nicht emanzipiert erklärt werden.

Mit Karl Hermann Scheidler hat die allgemeine Begriffsinterpretation und -ausweitung ihren geschichtlichen Abschluß gefunden. Zwar wurde der Begriff Emanzipation noch einmal im 20. Jahrhundert zum Schlagwort mit leitbildartigem Charakter für bestimmte Gruppen und Schichten (z.B. der Farbigen in den USA, der Homosexuellen, der Frauen). Die Bedeutung des Begriffes hat sich jedoch nicht mehr geändert.

---

22 K. H. Scheidler, Art. Emancipation, S. 49 (51).
23 K. H. Scheidler, Art. Emancipation, S. 49 (52).
24 K. H. Scheidler, Art. Emancipation, S. 49 (59).
25 K. H. Scheidler, Art. Emancipation, S. 49 (74).

3. Ergebnis

Zusammenfassend läßt sich somit zur eingangs gestellten Frage, was eigentlich Emanzipation bedeutet, festhalten: Mit Emanzipation wird etwas bezeichnet, das letztlich älter ist als der Rechtsbegriff und aktueller als das Konzentrat der historischen Bedeutungsausweitung. Als realer Vorgang ist Emanzipation kein Ausdruck blanken Wollens und Hoffens, sondern vielmehr das Resultat von Konflikten, welche nicht so stark sind, daß die Betroffenen an ihnen zerbrechen, aber heftig genug, um zielgerichtete Aktivität zu erzeugen. Diese Aktivität kann einerseits auf die Erhaltung, andererseits auf die Erweiterung von Selbstverfügung gerichtet sein. Somit kann unter Emanzipation ein Hinwirken auf den jeweils höchstmöglichen allseitigen Persönlichkeitsgedeih verstanden werden.

B. Emanzipation in der germanisch-fränkischen Zeit

Die Untersuchung der Frage, seit wann in der älteren Privatrechtsgeschichte Spuren einer Emanzipation der Frau zu finden sind und wie sich ihre Rechtslage darstellte, soll die Thematik der Arbeit einleiten.

Die ersten Zeugnisse mit wirklich faßbarem rechtlichen Inhalt sind aus der germanisch-fränkischen Zeit überliefert. Zwar war schon damals die erwachsene Frau keineswegs rechtlos, sondern mit einem Bündel selbständig wahrzunehmender Aufgaben ausgestattet, die in zunehmendem Maße Rechte und Pflichten nach sich zogen und so zur Keimzelle einer rechtlichen Besserstellung der Frau geworden sind. Dennoch sind dies Zeugnisse eines stark ausgeprägten Patriarchats[26].

Die Frau war der Munt[27] des Hausvaters unterworfen[28]. Sie nahm keinen Anteil am öffentlichen Leben, war wehr-, gerichts- und anfangs wohl auch gänzlich

---

26 Das Matriarchat als Entwicklungsstufe prähistorischer Gesellschaftsformen (so J. J. Bachofen, Mutterrecht; L. Dargun, Mutterrecht und Raubehe) hat die neuere Forschung (s. den Überblick bei H. Conrad, Deutsche Rechtsgeschichte I, S. 31) in den Bereich der Spekulation verwiesen.

27 Mitteis-Lieberich, Deutsche Rechtageschichte, 4 II 1; R. Hübner, Grundzüge, S. 615-617; H. Brunner, Deutsche Rechtsgeschichte I, S. 92 f. Ursprünglich war die Munt eine umfassende Gewalt des Hausvaters über alles, was zu seinem Hauswesen gehörte; Frauen und Kinder waren ihr ebenso unterworfen wie Unfreie, Vieh und andere Sachen. Erst im Laufe der Zeit löste sich die Gewere als selbständige Erscheinungsform der Machtausübung von der Munt: Die Gewere wurde zur Gewalt über alles, dem die Rechtspersönlichkeit fehlte; die Munt zur Gewalt über Personen (so die ältere Lehre; vgl. A. Heusler, Institutionen 1, S. 95 ff., 105 ff.). Eine neuere Ansicht steht der Auffassung von der einheitlichen, umfassenden Muntgewalt kritisch gegenüber, wobei zwar nicht die Existenz des Hauses als kleinste soziale Einheit geleugnet, wohl aber die Munt als tragendes Strukturelement in Frage gestellt wird (vgl. K. Kroeschell, Haus und Herrschaft, S. 37-41; aber auch schon G. Waitz, Über die Bedeutung des Mundium im deutschen Recht, in: Gesammelte Abhandlungen I, S. 369-381).

28 Diese allseits respektierte Überlegenheit des männlichen Geschlechts zu einer Zeit, als das Recht nur aus der ständigen Übung Geltung beanspruchen konnte, beruhte auf der überlegenen Körperkraft des Mannes. Zwar ist die These vom "schwachen" Geschlecht heute allein schon durch die höhere Lebenserwartung der Frau in allen zivilisierten Ländern widerlegt. In einer Zeit aber, als die allgemeine Lebenserwartung ohnehin nur sehr gering und die Frau überdies mit dem Risiko häufiger Ge-

vermögensunfähig. "Sie steht (aber) an der Spitze der Hausdienerschaft, teilt mit dem Manne Tisch, Bank und Bett und führt die Schlüssel"[29]. Sie hat also eine Position inne, die treffend so charakterisiert wurde, daß sie zwar nicht Herrin der Familie, aber doch Herrin des Hauses gewesen ist[30].

Durch die strukturelle Umgestaltung der Gesellschaft in fränkischer Zeit, insbesondere durch den Zerfall der Großfamilie und die sich mehr und mehr verflechtenden Wirtschaftsbeziehüngen, kommt es endlich zu einer teilweisen Vermögensfähigkeit der Frau[31]. Diese drückt sich zum einen in der sogenannten "Schlüsselgewalt" aus, d.h. der Frau war eine selbständige Verfügungsgewalt für die zur Führung des Haushaltes erforderlichen Geschäfte des täglichen Lebens zu einem gesetzlich begrenzten Betrag eingeräumt[32]. Des weiteren wurde die "Gerade", ursprünglich nur ein Sammelbegriff für Aussteuergeschenke, Schmuck und Kleider, über welche die Frau kraft eigenen Rechts verfügen durfte, zum rechtlichen Ausgangspunkt der teilweisen Vermögensfähigkeit der Frau[33]. Aber auch über die Morgengabe, das Geschenk des Ehemannes nach der Brautnacht, stand der Frau mancherorts die volle Verfügungsfreiheit zu[34]. Darüber hinaus sind Weistümer überliefert, denen entnommen werden kann, daß sich Frauen über die Schranken ihrer Verfügungsfähigkeit dadurch hinweggeholfen haben, daß sie – etwa im Gasthaus – Kleider vom eigenen Leib verpfändeten und von dem Mann wieder auslösen ließen[35].

An dem sich in fränkischer Zeit allmählich unter dem Einfluß der christlichen Lehre umgestaltenden Eherecht läßt sich auch die geänderte Rechtsposition der Frau dokumentieren: So wird für das Eingehen der Ehe nun das Einverständnis der Braut notwendig[36]; das Wittum, vormals als Kaufpreis für die Munt angesehen, wird nicht mehr der Brautsippe übergeben, sondern der Braut selbst[37].

Indem die Ehefrau als Subjekt eigener Vermögensrechte respektiert wird und es damit Vermögensbestandteile gibt, an denen nicht bloß der Mann, sondern auch die Frau berechtigt ist, kann sich nun ein eheliches Güterrecht herausbilden.

---

burten belastet war, hatte die körperliche Überlegenheit noch nichts von ihrer Signifikanz und ihrem Stellenwert eingebüßt.

29 J. Grimm, Rechtsaltertümer, S. 447.

30 W. Wackernagel, Familienrecht und Familienleben, S. 33.

31 R. Hübner, Grundzüge, S. 663.

32 R. Hübner, Grundzüge, S. 673; H. Fehr, Rechtsstellung, S. 13.

33 Planitz/Eckhardt, Deutsche Rechtsgeschichte, S. 56.

34 H. Fehr, Rechtsstellung, S. 42.

35 H. Fehr, Rechtsstellung, S. 63.

36 R. Sohm, Eheschließung, S. 52; R. Hübner, Grundzüge, S. 634.

37 Planitz/Eckhardt, Deutsche Rechtsgeschichte, S. 105; R. Hübner, Grundzüge, S. 634.

Es entsteht die sogenannte Errungenschaftsgemeinschaft, die Ansätze einer gesamthänderischen Partnerschaft erkennen läßt[38].

38 H. Conrad, Deutsche Rechtsgeschichte I, S. 157; Planitz/ Eckhardt, Deutsche Rechtsgeschichte, S. 107; R. Hübner, Grundzüge, S. 667 mit Verweis auf die Lex Ribuaria 37, 1: Si quis mulierem disponsaverit, quidquid ei per tabularum seu cartarum instrumenta conscripserit, perpetualiter inconfulsum permaneat. 2: Si autem per series scriptuararum ei nihil contullerit, si mulier virum supervixerit, 50 solidos in dude recipiat et terciam de omne (re), quod simul conlaboraverit, sibi studiat evindicare; et quidquid ei in morgengaba traditium fuerit, similter faciat.

C. Emanzipation im Mittelalter

Die zunehmende Rechtszerspitterung im Mittelalter bringt es mit sich, daß die Betrachtung des Rechtsbildes der Frau auf markante Einzelerscheinungen der verschiedenen Rechtskreise eingeschränkt werden muß.

Durch die Ausbildung der Grundherrschaft, die Städtebildung, die weitere Ausbreitung der kirchlichen Lehre und durch den anhaltenden Zerfall der bäuerlichen Großfamilie sowie durch den zunehmenden Einfluß fremder Rechtsvorstellungen erfährt die nachfränkische Zeit einen starken Rechtswandel.

I. Umbildung und Abschwächung der Muntgewalt

Nicht unberührt von diesem Wandlungsprozeß bleibt die Munt[39]. So kommt es zu einer Aufsplitterung in die Geschlechtsvormundschaft[40], in die Muntgewalt über die Ehefrau[41] und in die väterliche Gewalt über die Kinder[42]. Geschlechtsvormundschaft, der alle unverheirateten Frauen unterlagen, und väterliche Gewalt erfahren den am tiefsten greifenden Wandel.

1. Geschlechtsvormundschaft

Unverheiratete Frauen waren im Mittelalter in erster Linie Nonnen und Witwen. Während ursprünglich der nächste Schwertmagen[43] der gesetzliche Vormund der Witwe war, konnte sie sich nun einen Vormund frei wählen und brauchte schließlich nur noch bei gewissen gerichtlichen Einzelfällen einen männlichen Beistand[44]. Die Aushöhlung der Geschlechtsvormundschaft verschaffte der Wit-

39 Ob die Mundialfälle des frühen und hohen Mittelalters Fort-, bzw. Umbildungen oder Abschwächungen einer ehemals einheitlichen Muntgewalt darstellen oder ob es sich um eigenständige Entwicklungslinien handelt, ist strittig; vgl. dazu Fn. 27 und W. Ogris, "Munt, Muntwalt" in: HRG III, Sp. 750 (753).

40 H. Fehr, Rechtsstellung, S. 52.

41 H. Fehr, Rechtsstellung, S. 52.

42 H. Fehr, Rechtsstellung, S. 99.

43 d.h. der nächste männliche Verwandte.

44 R. Hübner, Grundzüge, S. 76.

we in einigen Rechtsbeziehungen eine freie, dem Mann ähnliche Rechtsstellung. Dies zog unter anderem auf famillenrechtlichem und vermögensrechtlichem Gebiet Konsequenzen nach sich[45]. So konnte die Witwe auch ohne Konsens ihres Vogtes eine zweite Ehe eingehen und auch selbst entscheiden, ob sie ihr Witwengut in die Ehe einbringt oder nicht. Die Beschränkung der aus der Munt fließenden Wirkung für die Witwe führte schließlich in einigen Gegenden[46] zu ihrer gänzlichen Abschaffung[47]. Der Witwe wurde so eine "partielle" Geschäftsfähigkeit zuerkannt. Ursächlich für diese Entwicklung ist zum einen die Umstrukturierung der Familie, die zu einem Schwund der herrschenden Bindungen im Gegensatz zur Großfamile führte. Zum anderen der Einfluß der christlichen Lehre, die zwar die führende Rolle des Mannes in der Familie betont, aber eine Minderwertigkeit des weiblichen Geschlechts nicht kennt[48].

2. Väterliche Gewalt

Auch die väterliche Gewalt verliert im Vergleich zur fränkischen Periode ihre straffe innere Struktur[49]. Zwar wurden die Mundialrechte zu Lebzeiten beider Eltern grundsätzlich vom Vater ausgeübt[50]. Aber auch der Ehefrau (auf dem Lande[51]) ist es gelungen, ihre Rechtsposition zu bessern. Sie erhält den Kindern gegenüber neben dem Mann eine übergeordnete Stellung[52]. So berichten die Weistümer von einer rechtmäßigen Übung, wonach der Tod des Vaters kein Anlaß mehr war, einen Vormund für die verwaisten Kinder zu bestellen[53]. Die Mutter trat an seine Stelle, übernahm die Sorgepflicht und "regierte" die Kinderschar[54]. Ferner findet sich das Ehekonsensrecht der Mutter (neben dem des Va-

---

45 Vgl. die einzelnen Belegstellen bei H. Fehr, Rechtsstellung, S. 86 f.

46 Die Geschlechtsvormundschaft findet sich im Spätmittelalter in Österreich und in den böhmisch-mährischen Rechten nur noch in unbedeutenden Rudimenten; vgl. R. Hübner, Grundzüge, S. 76; H. Fehr, Rechtsstellung, S. 85 f.

47 Anders aber noch der Ssp. I, 44; II, 63, § 1.

48 R. Bartsch, Rechtsstellung, S. 79 f.; G.K. Schmelzeisen, Stadtwirtschaft, S. 89.

49 Vgl. den Aufsatz von W. Köstler, Muntgewalt und Ehebewilligung in: ZRG, Bd. XXIX, S. 78 ff.

50 H. Fehr, Rechtsstellung, S. 99.

51 Vgl. u. zur Entwicklung im Stadtrecht unter C.III.

52 P. Mikat, "Ehe" in: HRG I Sp. 809 (829); O. Stobbe, Privatrecht IV, S. 367.

53 H. Fehr, Rechtsstellung, S. 103, 171 ff. m.w.N.

54 So im Brünner Schöffenbuch 502: "Mulieres tamen viduae curam filiorum et bonorum quamdiu statum viduitatis non mutant licite regunt;..."

ters), in spätfränkischer Zeit vielleicht noch zu wenig geübt, um allgemeines Gewohnheitsrecht zu sein, in den Weistümern eindeutig verbrieft[55].

Das Bauernrecht geht sogar noch einen Schritt weiter, indem es der Ehefrau eine deliktische Haftung für die Kinder aufbürdet[56] und ihr zu Lebzeiten des Vaters eine eigene Gewalt zuspricht[57]. Dennoch ist es abwegig anzunehmen, daß das Mittelalter eine "mütterliche" Gewalt hervorgerufen hat, die der des Vaters gleichzusetzen wäre. Vielmehr läßt sich in diesem Sinne von einer "elterlichen" Gewalt sprechen[58].

3. Ehevogtei

Einem solch tiefgreifenden Wandel wie die zuvor erörterten Mundialfälle ist die eheherrliche Gewalt nicht unterworfen. Noch im Mittelalter wird gelegentlich die "krasse Formulierung" gebraucht, daß die Ehefrau des Mannes Fahrhabe sei[59]. Wenn im Sachsenspiegel[60] von einem Genossenschaftsverhältnis die Rede ist, dann kann darunter nichts anderes zu verstehen sein, als daß der Mann Namen und Stand seiner Frau bestimmt und sie ihm an seinen Wohnsitz folgt. In diesem Sinne sind die Eheleute Genossen.

Die rechtliche Konstruktion der Ehe war die eines Herrschaftsverhältnisses: "der Mann ist des Weibes Vogt und Meister"[61]. Sie steht zu ihm rechtlich nicht anders, als ein seiner Gewalt unterworfenes Kind[62]. Ein Ausfluß der Munt per-

---

55 Vgl. die Belegstellen bei H. Fehr, Rechtsstellung, S. 108-111. Dies ist kein Widerspruch zum Konsensrecht der Braut (vgl. o. unter B.). Die Einwilligung der Eltern war für den Eheschluß nicht wesentlich. Ihr Fehlen machte die Ehe keineswegs nichtig; vielmehr kam es zu privatrechtlichen Strafen für die heiratenden Kinder, wie z.B. der Entzug des Erbrechts, (Wie sich eine Meinungsverschiedenheit zwischen Vater und Mutter bzgl. der Einwilligung auswirkte, d.h. welche Meinung zurücktreten mußte, läßt sich nach H. Fehr, a.a.O. nicht mehr klären. Nach A. Heusler, Institutionen II, S. 433, trat die Erklärung der Mutter hinter die des Vaters zurück.)

56 H. Fehr, Rechtsstellung, S. 103.

57 Über das Prinzip der "mütterlichen" Gewalt und den Begriffsstreit vgl. O. Stobbe, Privatrecht IV, S. 367 ff. m.w.N.

58 So auch P. Mikat, "Ehe" in: HRG I Sp. 809 (829).

59 H. Brunner, Deutsche Rechtsgeschichte, S. 101; aus der Coutume von Ardenburg zitiert er den Satz, daß der Mann sein Eheweib aufschneiden, spalten und seine Füße in ihrem Blut wärmen möge, wenn er sie nur wieder zusammennähe und sie am Leben bleibe!

60 Ssp. III 45 § 3: Die man is ok vormünde sines wives, to hant als sie ime getrüwet wert. Dat wif is ok des mannes genotinne, to hant alse sie in sin bedde tritt.

61 Schwsp. 10 § 2 (G): "... der man des wibes voget ist und ir meister."

62 R. Hübner, Grundzüge, S. 657.

sönlicher Natur stellt das auf der Gehorsamspflicht der Frau beruhende Züchtigungsrecht des Mannes dar. Zwar ist zur Zeit der Weistümer der Zustand längst überholt, daß dieses Recht willkürlich ausgeübt werden darf[63]. Doch steht das Züchtigungsrecht nicht zur Disposition des Mannes, sondern wird durch eine mit Buße sanktionierte Züchtigungspflicht durchgesetzt. Der Munt in ihrer ursprünglichen Bedeutung kann ein Handeln im Fremdinteresse sicherlich nicht unterstellt werden. Im Mittelalter aber, wo man mehr noch als in fränkischer Zeit nach einer Rechtfertigung dieser Gewalt sucht, liegt eine Verlagerung des Rechtsinstitutes nahe und wird auch bis zu einem gewissen Grad vollzogen. Es bilden sich die herrschaftlichen Züge zurück, und die Charaktere eines Schutz- und Sorgeverhältnisses treten in den Vordergrund[64].

Das Herrschaftsverhältnis der Munt findet sein Gegengewicht in der Schutzfunktion. Spürbar wird die Verquickung der Munt mit der Sorgepflicht vor allem für die persönliche Stellung der Frau in der Ehe. Aufgrund kirchlicher Einflüsse wird das ehemännliche Verstoßungsrecht abgeschafft (Verbot der Ehescheidung)[65]. Aber auch andere äußere Faktoren haben diese Entwicklung gefördert. In einem gewissen Maße diente sogar das Institut der Grundherrschaft der Emanzipation der Frau. Der Grundherr brauchte die Frau als Arbeitskraft, brachte also der eher hinderlichen Gewalt des Ehemannes wenig Verständnis entgegen, So wird erklärlich, daß die Benachteiligung der Ehefrau vor dem grundherrlichen Gericht mehr und mehr abgebaut wurde. Sie konnte nun anstelle ihres verhinderten Mannes am Gericht teilnehmen und sogar neben ihm die Interessen von Haus und Hof vertreten[66].

II. Wandlungsprozeß im ehelichen Güter- und Erbrecht

Der in spätfränkischer Zeit bereits angekündigte Wandlungsprozeß im Vermögensrecht[67] nimmt im Mittelalter eine klare, wenn auch, bedingt durch die fast unüberschaubare Rechtszersplitterung, nicht einheitliche Gestalt an. So galten bis

63 Dem Mann steht nur bei Verfehlungen schwerer Art, namentlich bei unzüchtigem Verhalten der Frau gegen Dritte, das Zuchtrecht zur Seite, nicht aber, wenn sie "ihm mit Worten zu nahe kommt"; vgl. die Belegstellen bei H. Fehr, Rechtsstellung, S. 60.

64 H. Fehr, Rechtsstellung, S. 52; P. Mikat, "Ehe" in: HRG I, Sp. 809 (829). Nach W. Ogris, "Munt, Muntwalt" in HRG III, Sp. 750 (755) überwiegt im Außenverhältnis die Schutzfunktion, während das Innenverhältnis eher herrschaftlich geprägt ist.

65 Planitz/Eckhardt, Deutsche Rechtsgeschichte, S. 200; P. Mikat, "Ehe" in: HRG I, Sp. 809 (826).

66 H. Fehr, Rechtsstellung, S. 79 ff.

67 Vgl. o. unter C.

zu 200 verschiedene Güterrechtssysteme, die oft noch durch Ehepakte abgeändert wurden[68]. Als Haupttypen lassen sich jedoch die allgemeine und die beschränkte Gütergemeinschaft festhalten[69]. Erstere umfaßte das gesamte Vermögen, letztere hatte die Fahrnis- und die Errungenschaftsgemeinschaft als Unterarten und umfaßte so nur bestimmte Vermögensmassen[70]. Daneben hielten einige Rechte noch an der aus fränkischer Zeit stammenden Verwaltungsgemeinschaft fest[71]. Nach W. Ogris handelt es sich bei dieser um nichts anderes als um Gütertrennung mit Verwaltungsgewere des Mannes am Frauengut[72].

In den west- und süddeutschen Rechtsgebieten kommt es weitgehend zum Verschmelzen der beiderseitigen Vermögensmassen. In bezug auf Immobilien war dies erst möglich, nachdem sich das Erbenwartrecht abgeschwächt hatte und der Gedanke einer ehelichen Genossenschaft in den Vordergrund trat[73]. Doch obwohl es zur Auflösung des alten familieninternen Rückfallrechts kommt, ist ein Verhältnis zur gesamten Hand bei aufrechter Ehe noch nicht vollständig verwirklicht. Vielmehr obliegt dem Mann kraft seiner Muntgewalt nach außen die Verwaltung und Nutzung der verschmolzenen Vermögensmassen. Er hatte somit auch bei der Gütergemeinschaft die "Gewere zur rechten Vormundschaft"[74]. Zwar mußte er nun nicht mehr mit dem Wartrecht der Erben rechnen, doch benötigte er intern, bei Veräußerungen des der Gesamthand unterliegenden Gutes, die Zustimmung der Ehefrau.

Unbeschadet des persönlichen Mundialrechts des Mannes kommt es zu einer weiteren vermögensrechtlichen Besserstellung der Frau, die sich insbesondere auf ihre Rechtsstellung im Familienverband auswirkt. Es tritt eine rechtliche Teilnahme der Mutter an allen Ausübungsakten der väterlichen Munt zutage, welche auf das Vermögen Einfluß haben. Dies ist vor allem der Austritt des Kindes aus der Familie. Zwar erstreckt sich die Mitwirkung der Mutter nicht auf die

---

68 W. Ogris, "Güterrecht, eheliches" in: HRG 1, Sp. 1874 (1875).

69 R. Hübner, Grundzüge, S. 669 f.

70 Wie schwierig allerdings die Zuordnung der Ehegüterrechte des Mittelalters zur Gütergemeinschaft oder einem anderen Güterrechtssystem ist, belegt die neuere Forschung. Nach W. Ebel, Brautschatzfreiung, S. 81, gibt es kaum ein Güterrechtssystem, dem man das lübische Recht nicht schon hat zuordnen wollen.

71 So insbesondere das ostfälische-sächsische Recht; vgl. R. Hübner, Grundzüge, S. 674.

72 W. Ogris, "Güterrecht, eheliches" in: HRG I, Sp. 1874 (1875).

73 O. Stobbe, Privatrecht IV, S. 107; R. Bartsch, Rechtsstellung, S. 93.

74 Ssp. I 31 § 2: "Svenne en man wif nimt, so nimt he in sine gewere al ir gut to rehter vormuntscap." Dieser vom Sachsenspiegel normierte Gedanke war ein allen Güterrechten gemeinsamer Grundsatz. Den Ehegatten stand jedoch die Möglichkeit einer vertraglichen Regelung mit Vorbehalten zugunsten der Frau offen; vgl. R. Hübner, Grundzüge, S. 673.

Absonderung des Kindes, denn die Entlassung aus der Muntgewalt war lediglich dem Muntinhaber möglich. Jedoch war es notwendig, dort, wo die Entlassung eine vermögensrechtliche Abfindung bedeutet, die Zustimmung der Mutter zu erlangen. So wurde über die vermögensrechtliche Frage der Frau ein direkter Einfluß auf den Austritt selbst gegeben[75].

Emanzipatorische Rechtswirkungein entfaltete die Gütergemeinschaft (welcher Prägung auch immer) insbesondere bei Auflösung der Ehe. Der überlebende Ehegatte hat jetzt entweder an dem vereinigt bleibenden Vermögen oder zumindest an dem Errungenen ein Erbrecht[76].

Die Rechtsbesserung für die Frau tritt noch deutlicher in den Vordergrund, wo sie als Witwe die väterliche Gewalt über die Kinder fortsetzt. Maßgebend hierfür war das Institut des Beisitzes[77]. Er ermöglichte den Fortbestand einer ungeteilten Gemeinschaft zwischen der überlebenden Gattin und den Kindern. Während ursprünglich eine Vormundschaft der Magen die Gewalt über die Kinder und die Nutzung ihres Vermögens miteinander verband und damit mit dem Beisitz der Witwe unvereinbar war[78], nimmt dieses Rechtsinstitut nun Züge des Vormundschaftsrechts in sich auf. Aus dem Beisitz erwächst der Witwe eine Gewalt über die Kinder[79]. Folge dieser neuen rechtlichen Gestalt des Beisitzes ist, daß die Stellung des Witwers und die der Witwe zu den Kindern keine Unterschiede mehr aufweist. Diese einheitliche Ausgestaltung der Rechtsbeziehungen nach dem Tode eines Ehegatten wirkten auch auf die Rechtsstellung der Frau in der Ehe zurück[80].

III. Rechtsstellung der Kauffrau

Am fortschrittlichsten war die Frauenemanzipation in den mittelalterlichen Städten. An der Rechsstellung der Kauffrau läßt sich belegen, wie die (ehe)männliche Bevormundung weitestgehend abgebaut wurde[81].

---

75 R. Bartsch, Rechtsstellung, S. 99.

76 O. Stobbe, Privatrecht IV, S. 107.

77 W. Ogris, "Beisitz der Witwe" in: HRG I, Sp. 355 (355); R. Bartsch, Rechtsstellung, S. 103.

78 A. Heusler, Institutionen II, S. 450-456.

79 R. Bartsch, Rechtsstellung, S. 107.

80 So übt die Frau nun während der Ehe die Erziehungs- und Züchtigungsgewalt über die Kinder nicht im Auftrag des Vaters aus, sondern kraft eigenen Rechts; vgl. die Nachweise bei R. Barsch, Rechtsstellung, S. 109.

81 Die Ursachen für die Erwerbstätigkeit von Frauen sind vielschichtig. So werden die Ehelosigkeit aufgrund der zahlreichen Geistlichen in den Städten und der hohen Sterblichkeitsrate von Männern, aber auch die beschränkten Ehemöglichkeiten in-

Der erste emanzipatorische Schritt ging, wie schon bei der Abschwächung der Muntgewalt, von Witwen aus. So weisen die ersten Mitgliedschaften von Kauffrauen in Berufsgenossenschaften auf Witwenfortbetriebe hin[82]. Bis zur Wiederverheiratung unterlag die Witwe den gleichen Bedingungen wie ihre männlichen Vollgenossen, hatte aber auch den vollen Anteil an den Leistungen des Zunftverbandes[83].

Von dieser mittelbaren Zunftmitgliedschaft vollzog sich eine evolutionäre Entwicklung hin zur Mitgliedschaft der Kauffrau kraft eigenen Rechts[84]. Später bildeten sich Berufsgenossenschaften, deren Mitglieder ausschließlich aus Frauen bestanden[85]. Doch selbst hier hatten Frauen, wie auch in allen anderen Zünften, keinerlei Anteil an der Zunftverwaltung[86]. So läßt sich an diesen Frauenzünften zwar nicht die volle Emanzipation der Frau dokumentieren, aber doch immerhin ein sozialer und rechtlicher Aufstieg der erwerbstätigen Frau.

Im rechtsgeschäftlichen Verkehr wirkten sich zunächst die noch vorhandenen Schranken, die der erwerbstätigen Frau aufgrund der Geschlechtsvormundschaft oder der Ehevogtei gezogen waren, hindernd aus. Um die Rechtshandlungen von Kauffrauen dennoch anzuerkennen, behalf man sich mit folgenden Konstruktionen: Die unverheiratete Frau, die sich im Wirtschaftsleben bewährt habe, bedürfe keines geschlechtsvormundschaftlichen Schutzes mehr, da sie den Gefahren des Rechtslebens gewachsen sei[87]. Bei der verheirateten Frau könne der Mann, wenn er ihr den Gewerbebetrieb erlaubt, auf seine eheliche Gewalt verzichten[88]. Lag ein solcher Verzicht nicht vor, betrieb seine Frau aber ständig und offenkundig Handel, so wurde im Interesse der Sicherheit des Verkehrs ein Verzicht des Ehemannes fingiert[89].

---

folge der zünfigen Gewerbeverfassung angeführt. Daneben mögen aber auch die Unzulänglichkeit des Familienvaters für ausreichenden Unterhalt zu sorgen, wie auch der Erwerbssinn der Frau eine Rolle gespielt haben; vgl. G. K. Schmelzeisen, Stadtwirtschaft, S. 10 f. m.w.N.

82 G. K. Schmelzeisen, Stadtwirtschaft, S. 50 ff.

83 So konnte sie z.B. den genossenschaftlichen Rohstoffeinkauf nutzen; vgl. G. K. Schmelzeisen, Stadtwirtschaft, S. 60 f. m.w.N.

84 In den deutschen Quellen erscheint die Frau erst ab dem 14. Jahrhundert in größerem Umfang als selbständiges Zunftsmitglied; vgl. G. K. Schmelzeisen, Stadtwirtschaft, S. 67 ff.

85 Sie finden sich, soweit gesicherte Quellen vorhanden sind auf deutschem Boden nur in Köln; vgl. G. K. Schmelzeisen, Stadtwirtschaft, S. 73.

86 G. K. Schmelzeisen, Stadtwirtschaft. S. 74 f. Zwar gab es Amtsmeisterinnen, doch waren lediglich Männer zu Vorstandsmitgliedern berufen.

87 Vgl. G. K. Schmelzeisen, Stadtwirtschaft, S. 101.

88 Vgl. G. K. Schmelzeisen, Stadtwirtschaft, S. 104.

89 G. K. Schmelzeisen, Stadtwirtschaft, S. 105.

Bald darauf wurde die umfassende Verpflichtungsfähigkeit der Kauffrau anerkannt. "Wat se loven, dat scholen se gelden."[90] Mit der "Frauenbefreiung" ging aber auch der Untergang des Schutzgedankens einher. Denn eine Folge der Verpflichtungsfähigkeit war ihre Verschuldensfähigkeit und damit ihre Konkursfähigkeit[91].

Die erwerbstätige Frau war aber auch bis auf das unbewegliche Vermögen verfügungsfähig. Selbst das nicht zum Handelsgeschäft gehörige bewegliche Vermögen unterlag nicht der Verfügungsbeschränkung durch den Vormund[92].

Diese freiere Stellung der Kauffrau blieb nicht ohne Folgen für die nichterwerbstätige Frau. Nach der neueren Forschung kannte auch die Nichtkauffrau Bargeschäfte tätigen[93]. Sie war in bezug auf das bewegliche Vermögen unbeschränkt verfügungsfähig[94]. Bei Gelöbnissen hingegen reichte ihre Geschäftsfähigkeit nicht an die der Kauffrau heran. Ihre selbständige Verpflichtungsfähigkeit war durch einen starren, gesetzlich begrenzten Betrag beschränkt[95]. Von der freieren Stellung der Kauffrau werden aber nicht nur Rechtsbesserungen übernommen. So weist W. Ebel nach, daß der Lübecker Rat gelegentlich nichterwerbstätige Frauen in Analogie zum Recht der Kauffrau behandelte, um sie z.B. der Schuldenhaftung zu unterwerfen[96].

IV. Einwirkung des Christentums und des kanonischen Rechts auf das Familienrecht

Die Veränderungen, die das deutsche Recht im Mittelalter erfahren hat, lassen sich auf Umwälzungen, die auf sozialem und wirtschaftlichem Gebiet stattfanden, zurückführen. Doch ohne einen Wandel der Anschauungen auf sittlichem Gebiet hätten sie einen so durchgreifenden Einfluß auf die Umgestaltung des Familienrechts nicht ausüben können.

---

90 Zu diesem Rechtssatz aus dem Lübecker Stadtrecht: W. Ebel, Rechtsstellung, S. 112.

91 W. Ebel, Rechtsstellung, S. 112.

92 W. Ebel, Rechtsstellung, S. 113.

93 Nach W. Ebel, Rechtsstellung, S. 109, ist der aus dem Revidierten Lübecker Stadtrecht stammende Satz: "Eine Kauffrau, was sie kauft, das muß sie zahlen", oft falsch verstanden worden. Der Rechtssatz formuliere lediglich die Empfangshaftung, der alle Frauen unterlagen. Denn Einkaufen und das Eingekaufte (nicht gewerbsmäßig) weiterverkaufen konnte jede Frau. Der Satz hebe somit eine Besonderheit der Kauffrau hervor, die keine war.

94 W. Ebel, Rechtsstellung, S. 104.

95 W. Ebel, Rechtsstellung, S. 105.

96 Vgl. die Quelle bei W. Ebel, Rechtsstellung, S. 111 f.

Dabei liegt zunächst die Bedeutung der mittelalterlichen Kirche für die Ausgestaltung des Familienrechts nicht in der Ausbildung von profanen Rechtssätzen, sondern in der Vermittlung der moralischen Vorstellungen des Christentums. So fanden die Paulinischen Grundsätze über das christliche Familienideal einen empfänglichen Boden in der Bevölkerung und wirkten so auf eine soziale und rechtliche Hebung der Stellung der Frau hin[97]. Namentlich den Bereich der Ehe erstrebte die Kirche von früh an zu verrechtlichen. Nach ihr führte eine unter Christen geschlossene Ehe, als ein Zusammentreffen von Heilsereignis und Naturgeschehen mit juristischen Konsequenzen, in den Jurisdiktionsbereich des kanonischen Rechts[98]. Der Beginn eines stärkeren kirchlichen Einflusses auf das weltliche Eherecht fiel etwa mit der Entstehung der auf Stärkung des Episkopats gegenüber dem Königtum gerichteten gefälschten Dekretalen- und Kapitulariensammlung des Pseudo-Isidor und des Benediktus Levita (aus dem 9. Jahrhundert) zusammen[99]. Mit ihrem Aufstieg zur weltlichen Macht, im Verlauf der cluniazensischen Reformen, zog die Kirche von der Begründung ihrer eigenen ausschließlichen Gerichtsbarkeit in Ehesachen aus die rechtliche Regelung der persönlichen Ehebeziehungen als Gegenstand ihrer allgemeinen Regelung immer mehr an sich. Seit dem 13. Jahrhundert verdrängt die eherechtliche Gesetzgebung und Rechtslehre der Kirche das weltliche Eherecht fast völlig[100].

Ziel der Kirche war es, ihre Dogmen der absoluten Untrennbarkeit und des sakralen Charakters der Ehe durchzusetzen. Dazu gestaltete sie die Ehe im praktischen Leben als Institut religiösen Lebens nach ihrem auf das Jenseits gerichteten christlich-katholischen Idealbild. Um die Eheauflösung wirksam zu bekämpfen, galt es, schon den Abschluß unglücklicher Ehen zu verhindern. Die rechtliche Regelung der Kirche mußte also schon bei der Eheeingehung ansetzen[101]. So wandte sie sich gegen die Ansprüche der väterlichen Gewalt und gründete den

---

97 R. Bartsch, Rechtsstellung, S. 72f.
Folgende Grundsätze werden in den Apostolischen Briefen für das Familienleben aufgestelllt:
1) Zum Reich Gottes sind Männer und Frauen in gleicher Weise berufen. (Gal. 3.28)
2) Innerhalb der Familie soll das Weib dem Manne untertan sein. (Kor. 3.18)
3) Das Verhältnis des auf diese Weise übergeordneten Mannes ist kein egoistisches Gewaltverhältnis. (Eph. 5.25)
4) Der Frau wird innerhalb des Hauses ihr eigener Wirkungskreis angewiesen. (1.Tim. 2.15, 3, 9-11)

98 W. Müller-Freienfels, Ehe und Recht, S. 11.

99 F. Schwind, JBl 1946, S. 287 (294-311).

100 P. Mikat, "Ehe" in: HRG I Sp. 809 (818); G. Beitzke, Familienrecht, S. 4; S. Reicke, Eheschließungsrecht, S. 37f.

101 W. Müller-Freienfels, Ehe und Recht, S. 14.

Ehebund allein auf die Willenseinigung der Brautleute[102],[103]. Beide Erklärungen, die Zustimmung von Mann und Frau, wurden nicht nur als gleich notwendig angesehen, sondern die Kirche erkannte von vornherein jedem Menschen ein "Fundamentalrecht" auf Eheschließung zu[104]. Mit der Reglementierung der Eheeingehung sicherte das kanonische Recht der Frau ihren eigenen Willen beim Eheabschluß zu und schützte ihn gegenüber jeder Unterdrückung durch den Muntinhaber.

Die Eheschließung auf der Willensübereinstimmung der Ehepartner zu begründen, also die Konsenserklärung der Partner als das rechtlich erhebliche Element hervorzuheben, fand die Zustimmung der Kirche schon wegen des Wertes der Persönlichkeit der Brautleute. Fernerhin forderte die Würde des Sakraments die freie Willensübereinstimmung der Brautleute.

Die Ehepartner waren sowohl Spender des Sakraments als auch zugleich Empfänger. Die Hauptbedeutung des sakramentalen Charakters lag in der Unauflöslichkeit der ehelichen Verbindung. Die Erhebung der Ehe über den Vertragscharakter hinaus zur Würde eines Sakramentes barg aber auch die Festigung der hierarchischen Ordnung: Indem die Familie zur kleinen Kirche wird, ist der Mann das Haupt der Frau, so wie Christus das Haupt der Kirche verkörpert.

Im Gegenzug wurde die einseitige Treuepflicht der Frau in der ehelichen Gemeinschaft verworfen. Damit brachte die Kirche ihre von den frühchristlichen Anfängen vertretene Auffassung zur erneuten Geltung, daß die Ehe sich auf der gleichen und gegenseitigem Treuepflicht der Geschlechter aufbaue[105]. Damit stärkte sie die Stellung der Frau im persönlichen Verhältnis der Gatten. Trotzdem erwies sich der Weg der Kirche in der Praxis bisweilen verhängnisvoll für Frauen. Nach kanonischem Recht kam die Ehe – in völliger Abwendung von dem

---

102 In dem Ehezwang sah die Kirche eine Entwürdigung der freien Persönlichkeit der Ehepartner. Hinzu trat, daß die Würde des Sakramentes die freie Willensübereinstimmung der Brautleute, die zudem als Spender des Ehesakramentes betrachtet wurden, forderte. Vgl. H. Conrad, Tridentinisches Konzil, S. 300.

103 Daß die Kirche die Friedelehe nicht zum allein legitimen Ehetyp erhob, liegt nach P. Mikat, "Ehe" in: HRG I Sp. 809 (819) an der der christlichen Eheauffassung nicht genehmen Struktur der Friedelschaft, nämlich ihrer Begünstigung der Polygamie, ihrer leichten Auflöslichkeit und der Verquickung von Friedelehe und Krebsverhältnis in fränkischer Zeit, welche die gewünschte Öffentlichkeit der Eheschließung nicht mehr sicherstellte. Nach H. Meyer, "Friedelehe und Mutterrecht" in: ZRG (GA) 47, S. 198 ff. widersprach die Gleichstellung von Mann und Frau in der Friedelschaft nach Auffassung der Zeit den Aussagen der Schrift (Eph. 5.22).

104 W. Müller-Freienfels, Ehe und Recht, S. 14. Bzgl. der "Ehehindernisse" und der Kritik daran vgl. H. E. Feine, Kirchliche Rechtsgeschichte, S. 432.

105 Nach dem ehelichen Grundrecht haben vom Augenblick der Eheschließung an beide Ehegatten in bezug auf die ehelichen Handlungen die gleichen Rechte und Pflichte (CJC can. IIII).

bindenden Formalismus der weltlichen Konsensehe[106] – unbekümmert um jede Form zustande. Damit eröffnete die kirchliche Rechtsdoktrin der klandestinen Ehe die Tore. Zwar wurden bald heimliche Eheschließungen verboten und mit empfindlichen Strafen bedroht, doch erhob die Kirche die öffentliche Erklärung des Eheschließungswillens nicht zur zwingenden Voraussetzung eines gültigen Eheabschlusses. Damit war eine heimliche Ehe unerlaubt, aber nicht ungültig[107] und wurde so zu einer Quelle von Mißverständnissen und Schäden[108]. Gleichwohl blieb die formlose Eheeingehung die Ausnahme. Bedeutung erlangte sie lediglich dadurch, daß ausschließlich sie die geistliche Gerichtsbarkeit in Bewegung setzte. Im Bewußtsein des Volkes wurde die vor der Kirchentür und damit in aller Öffentlichkeit stattfindende Trauung weiterhin als der eigentliche ehebegründende Akt angesehen[109].

Darüber hinaus ist der Kirche ein erhebliches Verdienst bei der Ausbildung der ehelichen Gütergemeinschaft zuzusprechen[110]. Aber auch im Erbrecht trat sie für eine Besserstellung der Frau ein, wobei sie sich allerdings von eigennützigen Beweggründen nicht freihielt[111].

Zusammenfassend läßt sich festhalten, daß das Christentum und die Kirche einen nicht zu unterschätzenden Einfluß auf das Familienleben und das Familienrecht im Mittelalter ausgeübt haben. Die geistliche Rechtsprechung hat nicht nur die progressiven, auf eine offene Gesellschaft hindrängenden Züge der spätmittelalterlichen Rechtsentwicklung begünstigt, sondern mit ihrer hohen Bewertung der genossenschaftlichen Ehe auch die fortschreitende Emanzipation der Frau[112], wobei die in dem Satz "consensus facit nuptias" angelegte persönliche Gleichstellung von Mann und Frau ihre volle Tragweite erst später hat erkennen lassen.

---

106 Ursprünglich waren Heimführung und Beilager die Kennzeichnung des eigentlichen Eheabschlusses. Beide Vorgänge vollzogen sich öffentlich, da nur offenkundiges Geschehen Rechtserheblichkeit bewirken konnte. Später wurde die Trauung ein notwendiger Akt der Eheeingehung um der öffentlichen Festigung und Beständigmachung der Ehe vor der Allgemeinheit willen; vgl. S. Reicke, Eheschließungsrecht, S. 31 f.

107 H. Conrad, Tridentinisches Konzil, S. 304.

108 S. Reicke, Eheschließungsrecht, S. 42 f. weist nach, daß die Leidtragenden dieser Regelung meist Frauen waren. In dem Urteilsbuch des Augsburger Diözesangerichts finden sich im Jahre 1349 an einschlägigen Fällen mehr als 90 % Frauen, die auf richterliche Anerkennung ihrer Ehe klagten. 80 % der Klagen wurden wegen der mangelnden Beweisführung abgewiesen.

109 S. Reicke, Eheschließungsrecht, S. 40.

110 F. Wieacker, Privatrechtsgeschichte, S. 78 m.w.N.

111 Als eine "impia consuetudo" bezeichnete die Kirche den Auschluß der Frauen vom Erbrecht. Der Artikel des Sachsenspiegels (Ssp.1, 17, § 1) der Frauen hierin zurücksetzte wurde vom Papst verdammt; vgl. R. Bartsch, Rechtsstellung, S. 74 f. m.w.N.

112 Wieacker, Privatrechtsgeschichte, S. 78 f.

D. Emanzipation im rezipierten gemeinen Recht und in den Partikularrechten

Von dem epochalen Vorgang, dem Eintritt des römischen Rechts in die Rechts- und Ideenwelt des deutschen Mittelalters und von seinem Wirksamwerden in der umfassenden Lebenswirklichkeit der menschlichen Gemeinschaften, blieb das Familienrecht weitestgehend unberührt[113]. Dies liegt darin begründet, daß sich erfahrungsgemäß das tradierte Rechtsbewußtsein in diesen unmittelbaren und für jedermann anschaulichen Lebensbezügen am nachhaltigsten erhält[114] und gilt um so mehr, als das römische- und das deutsche Recht im Laufe der Zeit weit auseinandergegangen waren. In älteren Entwicklungsstadien hingegen ähnelten sie sich noch.

I. Rechtsstellung der Frau im römischen Recht

Der "paterfamilias" hatte eine Vollgewalt an seiner Frau und den Kindern[115]. Diese Hausgewalt ("manus" und "potestas") kannte keine rechtlichen Schranken und beinhaltete somit auch das Recht über Leben und Tod[116]. Im letzten Jahrhundert der Republik änderten sich zwar die sittlichen Anschauungen, Frau und Kinder galten als "personae liberae", doch blieb die starre alte Rechtsform bestehen[117]. Eine inhaltliche Differenz zwischen dem Recht über die Frau und dem Recht über die Kinder war nicht vorhanden. Beide waren unfähig zu eigenem Vermögen und konnten nur durch Gewährung eines "peculiums" eine gewisse interne ökonomische Selbständigkeit erfahren[118]. Eine Teilnahme der Mutter an der Gewalt des Hausvaters war gänzlich ausgeschlossen. Dieses Gewaltverhältnis wurde im Sinne einer Emanzipation der Frau nicht fortentwickelt. Es fand keine Reform im Wege einer Umdeutung der "manus" von einem Recht zu einer Pflicht

113 F. Wieacker, Privatrechtsgeschichte, S. 229; M. Kaser, Römisches Privatrecht, § 1 III 3.

114 So F. Wieacker, Privatrechtsgeschichte, S. 229; A. B. Schwarz, Rezeption und Assimilation, S. 149ff. Diese Erfahrung bestätigt sich heute bei der Rezeption europäischer Kodifikationen durch nah- und fernöstliche Nationen.

115 M. Kaser, Römisches Privatrecht, § 12 I 2b.

116 M. Kaser, Römisches Privatrecht, § 58 II 1.

117 E. Seidl, Römisches Privatrecht, § 3 I 2.

118 M. Kaser, Römisches Privatrecht, § 60 II 3e.

statt, wie es dem deutschen Recht mit dem Institut der Munt gelungen war, die ursprünglich der römischen Hausgewalt ähnelte. Vielmehr gestaltete sich dieses Grundverhältnis der römischen Familienverfassung völlig neu. Es kam die Ehe ohne "manus" auf[119]. Zu der neuen Form der Ehe, die in zwei Varianten auftrat, finden sich keine Parallelen in der deutschen Familienverfassung des Mittelalters.

In einem Fall blieb die Frau unter der "potestas" ihres Vaters (oder Großvaters)[120]. Es bestand zivilrechtlich keine verwandtschaftliche Beziehungen zu der Familie ihres Gatten und damit auch nicht zu den eigenen Kindern[121]. Die "potestas" schloß nicht nur ihre persönliche Vermögensfähigkeit aus. Der Vater behielt auch die volle persönliche Gewalt, so daß er die Ehe jederzeit trennen und seine Tochter von ihrem Gatten vindizieren konnte[122].

In dem zweiten Fall war die Frau "sui iuris"[123]. Es bestand zwar nicht die persönliche Gewalt des Vaters, dennoch erfuhr sie Einschränkungen durch das Band der Agnation, indem ihr Vermögen von einen "tutor" verwaltet wurde[124].

Mit der fortschreitenden Verselbständigung der Frau im sozialen Leben schränkte man die Geschlechtsvormundschaft immer stärker ein. In der klassischen Zeit waren lediglich Ruinen dieses Instituts vorhanden, die die Geschäftsführung der Frau nicht mehr beeinträchtigten[125]. Parallel dazu verschwand auch die "manus"-Ehe[126].

Der einstige Dualismus im Eherecht war somit zugunsten der Frau entschieden worden. Sie wurde frei vom Ehemann, frei vom "tutor", allerdings auf Kosten ihrer Familienangehörigkeit zum Hause des Mannes. Eine weitere Rechtsentwicklung in bezug auf das Verhältnis der Ehegatten fand im römischen Recht nicht mehr statt. Fortgebildet hat sich in der nachklassischen Zeit lediglich das Institut der Vormundschaft. Unter gewissen Voraussetzungen konnte die Mutter nun selbst Vormund ihrer Kinder werden[127].

Damit betrachtete das römische Recht unter Justinian, begünstigt durch das Christentum, die Frau als ein dem Mann gleichberechtigtes Individuum[128]. Es

---

119 Schon die 12 Tafeln kannten die Möglichkeit, den Erwerb der "manus" durch den Ehemann zu verhindern.

120 Ein nach deutschem Recht mit der Ehe nicht zu vereinbarender Zustand; vgl. H. Mitteis, Reichsrecht und Volksrecht, S. 67.

121 R. Sohm, Institutionen, S. 507.

122 In der klassischen Zeit wird ihm ein solcher Eingriff jedoch nicht mehr gestattet, wenn die Ehe eine glückliche ist; vgl. M. Kaser, § 58 IV 2.

123 M. Kaser, Römisches Privatrecht, § 12 I 3.

124 M. Kaser, Römisches Privatrecht, § 63 1.

125 R. Bartsch, Rechtsstellung, S. 27.

126 M. Kaser, Römisches Privatrecht, § 58 II 2.

127 M. Kaser, Römisches Privatrecht, § 14 III.

128 M. Kaser, Römisches Privatrecht, § 14 III.

überflügelte mit Anerkennung ihrer nahezu vollen privatrechtlichen Rechts- und Handlungsfähigkeit alle anderen Rechte[129].

II. Rechtsstellung der Frau in der frühen Neuzeit

Wenn auch das Familienrecht nur unvollkommen rezipiert wurde und es im wesentlichen von deutschen Rechtsprinzipien durchdrungen blieb, so konnte sich jedoch die eingeleitete mittelalterliche Entwicklung nicht ungestört weitervollziehen. Vielmehr trat eine gewisse Tendenzwende ein. Die kontinuierliche Frauenemanzipation wurde unterbrochen und war nicht in der Lage, sich einen Weg durch das künstliche Recht zu bahnen, wenn es zur direkten Anwendung kam.

1. Elterliche Gewalt

Für die sich im Mittelalter gerade entwickelte elterliche Gewalt gab es keine Analogie im römischen Recht. Rezipiert wurde aber die "patria potestas". Damit erhielt die väterliche Munt im gemeinen Recht nicht nur einen anderen Namen. Gleichzeitig wurde die noch zu wenig verfestigte Teilnahme der Mutter an der Familiengewalt negiert und für lange Zeit in der Fortbildung und Ausgestaltung gehemmt.

Damit läßt sich jedoch kein allgemeiner Trend in der Rechtsentwicklung aufzeigen. Zahlreiche Partikularrechte hielten an dem fest, was die mittelalterliche deutsche Rechtsentwicklung hervorgebracht hatte, und schrieben der Mutter sogar eine Gewalt zu[130].

Ähnlich konträr waren die Auffassungen um das Recht der Ehebewilligung. Hier gingen vor allem die Konfessionen auseinander.

---

129 Beschränkungen blieben jedoch in Form von Schutzvorschriften bestehen. So z.B. das SC Vellaeanum, das Frauen ein Interzessionsverbot auferlegte.

130 Ein Beispiel bieten die Mühlhausener Statuten aus dem Jahre 1692, B. 4, Art. 31 § 1: "Obwohl in denen Römischen Rechten die Gewalt über die Kinder und Enkel, Söhne und Töchter bloß denen Vätern und väterlichen Anherren gegeben und die Mütter darvon gänzlich ausgeschlossen werden; wir aber dennoch wahrgenommen, daß unsre alte Willkühr und bisheriger Stadtgebrauch hierinnen unter Vater und Mutter keinen Unterscheid gemachet, ausser daß dem Vater als Haupt der Familie der Vorzug, wie die Verwaltung oder Administration der gemeinschaftlichen Güther, also auch in Erziehung der Kinder gegönnet worden; also lassen wir es auch dabei vor jetzo bewenden, und wollen, daß so wohl die Mutter als der Vater Gewalt über ihre Kinder haben soll." (Quelle bei R. Bartsch, Rechtsstellung, S. 144, Fn. 1).

Die protestantischen Reformatoren (vor allem Luther) wandten sich – wie auch die katholische Kirche – gegen die heimlich geschlossenen Ehen. Doch verstanden sie hierunter im Anschluß an das römische Recht eine von einem der väterlichen Gewalt unterworfenen Kind ohne Konsens der Eltern geschlossene Ehe und erklärten eine solche für nichtig[131]. Damit mußte sich die protestantische Seite nun aber auch die Frage stellen, welche Stellung der Mutter beim obligatorischen Konsens zukommen sollte. "Iure divino" war ihre Zustimmung erforderlich. Aber da man die Ehebewilligung als Ausfluß der "patria potestas" auffaßte, genügte die des Gewaltinhabers. So verlangte man ihre Zustimmung nicht "de necessitate", sondern nur "de honestate"[132].

Die katholische Kirche teilte die reformatorische Ansicht nicht. Das auf dem Konzil von Trient im Jahre 1563 verkündete Decretum "Tametsi" formulierte die Unwesentlichkeit des elterlichen Konsens[133]. Dennoch wurde im Anschluß an die kaiserliche Erklärung Karls V "wie es der Religion halben im Reiche bis zum Austrag des gemeinen Konzils gehalten werden soll" den Kindern die sittliche Pflicht auferlegt, die Zustimmung der Eltern einzuholen[134]. Dem vierten Gebot entsprechend, stellte dabei die katholische Kirche beide Elternteile gleich[135]. Das Fehlen dieser Zustimmung machte die Ehe nicht nichtig[136], sondern führte allenfalls zu anderen Nachteilen, wie den Verlust des Anspruchs auf ein Heiratsgut oder eine Aussteuer[137]. Für die Mutter war diese Befreiung jedoch oft belanglos, da ihr die Dotationspflicht nur bei Unvermögen des Vaters aufgebürdet wurde[138].

---

131 H. Conrad, Tridentinisches Konzil, S. 306.

132 R. Bartsch, Rechtsstellung, S. 130 m.w.N.
Gewohnheitsrechtlich wurde jedoch in protestantischen Territorien der Konsens der Eltern verlangt.

133 Dekret "Tametsi": "... ut eos sancta Synodus anathemate damnat ... quique falso affirmant, matrimonia a fillis familias sine consensu parentum contracta irrita esse, et parentes ea rata vel irrita facere posse." (Quelle bei H. Conrad, Tridentinisches Konzil, S. 307).

134 Interim des Reichstages von Augsburg von 1548, §§ 9, 10: "Hiermit wollen wir aber dem Gehorsam nicht abziehen, den die Kinder ihren Eltern schuldig sind , sondern wollen nicht, daß die Eltern in Verhinderung oder Trennung der Ehe ihre Gewalt mißbrauchen sollen." (Quelle bei H. Conrad, Tridentinisches Konzil, S. 307).

135 R. Bartsch, Rechtstellung, S. 129.

136 Die heimlichen Ehen versuchte die katholische Kirche seit dem tridentinischen Konzil auf andere Art zu unterbinden. Das Dekretum "Tametsi" bestimmte, daß für die Eheschließung eine zwingende Form eingeführt werde, deren Nichteinhaltung zur Nichtigkeit führe. Die Konsenserklärung der Ehepartner sei vor dem Pfarrer des Ortes oder dem Ortsordinarius vor zwei oder drei Zeugen abzugeben.

137 So bestimmt der Laienspiegel, Bl. 41: "Wölche kind nämblich ..., die in ihrer vatter unnd muter gewaltsam hynder jn oder jrn vormündern und durch dieselben unbe-

Beide Konfessionen dienten daher – so konträr sie in ihren Ansichten auch waren – letztlich der Bewahrung eines Ausflusses der elterlichen Gewalt. Die Mutter behielt, wenn auch nur aus Pietät, ihren Einfluß auf die Verehelichung der Kinder.

2. *Unmittelbare Rechtsbeziehungen zwischen den Ehegatten*

Die deutsche Munt und die römische "potestas" waren zu zwei ganz verschiedenen Rechtsverhältnissen geworden. Während das deutsche Recht das Innenverhältnis reformiert hatte, indem es der Frau dort eine gehobene Rechtsstellung gab, so blieb sie doch im Außenverhältnis bevormundet. Das römische Recht begann durch Aufgabe der "manus"-Ehe mit dem Verhältnis nach außen, fand aber für die Stellung der Frau nach innen keine befriedigende Lösung. In den unmittelbaren Rechtsbeziehungen zwischen den Ehegatten bestand also ein krasser Gegensatz zwischen beiden Rechten. Zwar hätte die kirchliche Auffassung vom "vir caput mulieris" den Ausschlag zugunsten des deutschen Rechts geben müssen[139], doch trug die Rezeption in einigen Teilen zum Niedergang der eheherrlichen Munt bei. Im österreichischen Rechtsraum und in den mährischen Stadtrechten tat sich der Weg zur völligen Beseitigung dieses Rechtsinstitutes auf[140]. Letztlich war es ein emanzipatorischer Fortschritt, den das römische Recht für sich buchen konnte. Andernorts erfuhr die Munt des Ehemannes eine Fortbildung durch Übernahme von Einzelbestimmungen, die der Vorstellung eines ehemännlichen Leitungsrechts entgegenkamen. So wurde das SC Vellaeanum zu einem tragenden Rechtsprinzip des gemeinen Rechts aufgewertet und fand dergestalt Eingang in viele neuzeitliche Land- und Stadtrechtsordnungen[141].

Dennoch ist es auch in bezug auf die Ehevogtei nicht möglich, ein einheitliches Rechtsbild für die Zeit vom 16. bis zum 18. Jahrhundert darzustellen. Die Partikularrechte hielten die Ehefrau mal für prozeß- und verpflichtungsunfähig, mal erfuhr sie Einschränkungen in ihrer Dispositionsfähigkeit lediglich durch das Güterrecht[142]. Als geradezu bezeichnend für die Territorialgesetze erscheint da-

---

stätet sich selbs verheyraten so seind an meer enden auß guter gewonhait die öltern nit schuldig jne ainich heyratgut zu geben."

138 R. Bartsch, Rechtsstellung, S. 129.

139 R. Bartsch, Rechtsstellung, S. 115.

140 R. Bartsch, Rechtsstellung, S. 115.

141 Während das SC Vellaeanum im römischen Recht lediglich ein singulärer Rechtssatz war (vgl. F. Wieacker, Privatrechtsgeschichte, S. 121), wird es nun zu einem allgemein gültigen Prinzip erklärt.

142 R. Bartsch, Rechtsstellungen, S. 137 f.

her das Ineinandergreifen und die oftmalige Überlagerung der verschiedenen Rechtskreise. Festgehalten werden kann aber, daß sich hier die deutschrechtliche Tradition stärker als im gemeinen Recht erhalten hat. Ursache dafür war die fehlende Systematik des bodenständigen Rechts, die ein Zusammengehen mit dem wissenschaftlich bearbeiteten, aber weitgehend lebensfremden Rezeptionsgut verhindert hat.

3. Litiskuratel

Anders entwickelte sich die Geschlechtsvormundschaft über Unverheiratete und Witwen. Sie hatte sich lediglich im Bereich des sächsischen Rechts sowie in einzelnen Partikularrechten erhalten[143]. Seit dem 16. Jahrhundert jedoch lebte sie fast überall unter dem Namen "Litiskuratel" oder "Kriegsvogtei" wieder auf, und zwar in einer viel schrofferen Form als im Mittelalter[144].

Als Gründe, die dazu beigetragen haben, die Emanzipation dieser Frauengruppe in der beginnenden Neuzeit aufzuhalten, wenn nicht gar umzukehren, werden sowohl die allgemeine Verknöcherung der Kultur[145] als auch die absolutistisch geprägte Zeit angeführt[146]. Was letztlich die maßgebliche Ursache der Wandlung war, mag dahinstehen. Mittelbaren Einfluß hatte jedenfalls auch das römische Recht mit seiner "cura impuberum", aus der man eine "cura sexus" herzuleiten wußte[147]. Von Bedeutung ist vielmehr, daß man nun die wiederauflebende Geschlechtsvormundschaft mit der mangelnden Geistesschärfe des weiblichen Geschlechts, das dem schwieriger werdenden rechtsgeschäftlichen Verkehr nicht gewachsen sei, zu rechtfertigen suchte[148]. Bei der Kodifikation vieler Territorialrechte griff man daher bezüglich der Geschlechtsvormundschaft oftmals nicht auf den progressiven Rechtszustand des ausgehenden Mittelalters, sondern auf über-

---

143 G. K. Schmelzeisen, Stadtwirtschaft, S. 109 m.w.N.

144 R. Hübner, Privatrecht, S. 77.

145 R. Hübner, Privatrecht, S. 77.

146 H. Planitz, Privatrecht, S. 27, 134.

147 R. Hübner, Privatrecht, S. 78.

148 So formuliert die fränkische Landgerichtsordnung aus dem Jahre 1618, daß der Verstand des Weibes "etwas schwach und leichtlich zu vernachteilen" sei. (Quelle bei R. Hübner, Privatrecht, S. 78). Dieser Rechtfertigungsgrund war neu. Für die frühere Zeit hat die rechtsgeschichtliche Forschung die Begündung sowohl für die Geschlechtsvormundschaft als auch für die anderen Mundialfälle meist in der mangelnden Wehrfähigkeit oder Waffenfähigkeit gesucht. Eine Befriedigende Lösung, die klar zwischen Zweck und Folgeerscheinung der Munt abgrenzt ist jedoch bis heute nicht gefunden worden. Vgl. die Darstellung der verschiedenen Meinungen bei W. Ogris, "Munt, Muntwalt" in: HRG II, Sp. 750 (754).

kommenes Gewohnheitsrecht zurück. Das römische Recht wurde dann übernommen, wenn es sich mit dieser Auffassung vertrug[149].

Mit dem Argument der Minderbegabung des weiblichen Geschlechts stellte man nicht nur den Witwen und Unverheirateten, sondern allen Frauen eine hohe Barriere in den Weg der Emanzipation, zu deren Überwindung es erst kommen konnte, nachdem die Bildungschancen gleich verteilt wurden. Zunächst rechtfertigte es eine Minderung der Handlungsfähigkeit infolge des Geschlechts. Zahlreiche Partikularrechte erklärten Frauen für verpflichtungsunfähig[150].

Lediglich die Handelsfrau nahm eine rechtliche Sonderstellung ein. Das Wiederaufleben der Geschlechtsvormundschaft blieb für sie ohne Bedeutung. Nach der gemeinrechtlichen Entwicklung fand das SC Vellaeanum auf sie keine Anwendung[151]. Doch kam dem kaum noch eine praktische Bedeutung zu. Infolge des wirtschaftlichen Zusammenbruchs in und nach dem 30jährigen Krieg wurde die Arbeit von Frauen im Kleinhandel und Ladengeschäft verboten, um männlichen Zunftmitgliedern eine ausreichende Beschäftigung zu sichern[152].

4. Eheliches Güterrecht

Das eheliche Güterrecht ist eine jener Materien, die durch die Verwissenschaftlichung des Rechts kaum berührt wurde. In den Partikularrechten wurden die Güterrechtsordnungen des Mittelalters fast unverändert beibehalten. Rezipiert wurden auf diesem Gebiet oft nur Terminologie und rechtstechnische Denkformen[153].

Trotzdem betrachteten Juristen das römische Dotalrecht als das gemeine Recht[154]. Um dem Dotalsystem Geltung im deutschen Rechtsraum zu verschaffen, wurde es durch den Einbau deutschrechtlicher Elemente stark modifiziert.

---

149 Vgl. etwa die Begründung für die Rezeption des SC Vellaeanum in der Oberösterreichischen Landtafel III, 26 § 2: "... den Frauen und weibsbildern ihrer blödigkhait und weiblichen schwachhait halber." (Quelle bei R. Bartsch, Rechtsstellung, S. 137, Fn. 1).

150 R. Bartsch, Rechtsstellung, S. 134f. m.w.N.

151 A. Kraut, Frau im Privatrecht, S. 48 – 54; G. K Schmelzeisen, Stadtwirtschaft, S. 111. Dem römischen Recht waren Ausnahmevorschriften für Handelsfrauen unbekannt. Dies mag darin begründet sein, daß in Rom kein praktisches Bedürfnis dafür bestand, weil Frauen überhaupt keinen Handel trieben.

152 L. Nübling, Frauenfrage, S. 76 f.

153 F. Wieacker, Privatrechtsgeschichte, S. 229.

154 W. Ogris, "Dos" in: HRG I, Sp. 775 (778).

Dennoch erlangte es nur in verhältnismäßig kleinen Gebieten praktische Geltung[155].

In seiner reinen Form beinhaltete das römische Recht den Grundsatz, daß das Vermögen der Ehegatten sowohl hinsichtlich des Eigentums als auch hinsichtlich der Verwaltung und Verfügung getrennt blieb. Die Lasten der Ehe ruhten grundsätzlich auf dem Vermögen des Ehemannes. Eine Beteiligungspflicht der Frau bestand in Form einer Dosbestellung[156]. Damit stand es in krassem Gegensatz zur Verwaltungsgemeinschaft.

In Anerkennung der herkömmlichen Muntgewalt wurde in den Partikularrechten, in denen sich das gemeinrechtliche Dotalsystem durchsetzte, meist die gesamte Verwaltung und Nutzung des getrennt gehaltenen Frauengutes dem Ehemann übertragen[157]. Die mittelalterliche Gewere zur rechten Vormundschaft des Ehemannes am Frauenvermögen lebte nun als "ususfructus maritalis" an den Paraphernen weiter. Ursprünglich standen dem Mann keine weiteren Rechte an dem Paraphernalgut zu, als die Ehefrau ihm einzuräumen pflegte[158]. Auch war nach römischem Recht der "fundus dotalis" unveräußerlich. Jetzt gestattete man Verfügungen über die Grundstücke der Frau entweder mit ihrer Zustimmung oder bzw. und richterlicher Genehmigung[159]. Damit näherte sich das sog. modifizierte Dotalsystem stark an die ihm ursprünglich in scharfem Gegensatz stehende Verwaltungsgemeinschaft an. Mit scholastischer Kunst wurde der vorgegebene Weg der Konkordanz von der Wissenschaft beschritten. Ungleiches wurde einander gleichgesetzt. Dafür war die gezwungenste Konstruktion willkommen, wenn sie nur zum ersehnten Ziel führte. Es hat schließlich auch nicht an Versuchen gefehlt, die Gütergemeinschaft in ihren vielfältigen Erscheinungsformen als eine Dosbestellung am gesamten Vermögen der Frau zu konstruieren.

In den Gebieten des gemeinen Dotalrechts trat zwar für die Ehefrau eine Rechtsbesserung in Form einer selbständigeren vermögensrechtlichen Stellung ein. Im Gegenzug wurde aber ein mit den deutschrechtlichen Gütersystemen verbundenes emanzipatorisches Rechtsinstitut abgeschafft. Das erst im Mittelalter zugunsten der Frau umgestaltete Institut des Beisitzes[160] hatte sowohl das römische Recht als auch die neuere Entwicklungstendenz gegen sich. Der Witwe wur-

---

155 Dem Dotalsystem wurden vor 1900 etwa 3 Millionen Einwohner des Deutschen Reiches zugerechnet; vgl. die Übersichten über Art und Verbreitung der Güterrechte zu Beginn der Vorarbeiten zum BGB in: Staudinger-Thiele, Einl. zu §§ 1363 ff. Rdn. 6.

156 W. Ogris, "Dos" in: HRG I, Sp. 775 (778).

157 R. Hübner, Privatrecht, S. 694f.

158 M. Kaser, Römisches Privatrecht, § 59 IV.

159 W. Ogris, "Dos" in: HRG I, Sp. 775 (778).

160 Vgl. o. unter C. II.

de jegliches Recht auf Genuß des Kindesvermögens entzogen[161]. Die vormundschaftlichen Bestandteile des Beisitzes, wie das Recht auf Verwaltung des Vermögens, wurden in Anlehnung an das römische Recht dem Vormund übertragen[162]. Frauen sprach man im allgemeinen die Eignung zur Führung der Vormundschaft ab. Nur im Wege der kaiserlichen Privilegierung eröffnete sich ihnen die Möglichkeit, zur Vormundschaft zugelassen zu werden[163].

Bei vielen Partikularrechten blieb es hingegen in vermögensrechtlicher Hinsicht bei dem Beisitz, auch wenn der überlebende Elternteil einfach als Vormund aufgefaßt wurde[164].

III. Ergebnis

Als Ergebnis läßt sich für die frühe Neuzeit festhalten, daß das gemeine Recht und die Partikularrechte erhebliche Unterschiede aufweisen. Im gemeinen Recht hemmte der stärkere Einfluß des römischen Rechts oft eine gradlinige Weiterentwicklung der erst im Mittelalter im Entstehen begriffenen emanzipatorischen Rechtsinstitute. Doch kann damit kein allgemeiner Trend konstatiert werden. Mal vermittelte die konsequente Anwendung der römischrechtlichen Institute auf die deutschrechtlichen Verhältnisse der Ehefrau einen größeren rechtlichen Freiraum. Die Territorialrechte bewahrten hingegen die deutschrechtliche Tradition. Mit ihrer Kodifizierung wurde jedoch oft die bevorzugte Stellung des Mannes nicht nur erhalten, sondern noch verfestigt.

161 Eine "Nutzgewalt" der Mutter am Kindesvermögen war dem römischen Recht unbekannt. Lediglich die "dos" fiel beim Tod des Mannes an die Frau; vgl. M. Kaser, Römisches Privatrecht, § 59 II 7a.

162 B. Bartsch, Rechtsstellung, S. 126.

163 R. Bartsch, Rechtsstellung, S. 127.

164 So z.B. in der Hessischen Gerichtsordnung von 1497, Art. 31: "... will dann die Frau, unverrückt ihres Witthumstuls und unentricht ihres Witthums, bei den Kindern als eine Vormünderin sitzen, so mag sie mit ihnen die väterlichen Haab genießen, nicht als ein Erbe, sondern als eine Vormünderin." (Quelle bei R. Bartsch, Rechtsstellung, S. 152, Fn. 1).

E. Die Position der Frau in der vernunftrechtlichen Ehelehre

Abseits des Rechtszustandes bildete sich im Verlauf des 17. Jahrhunderts die Theorie des Vernunftrechts aus[165]. Mit ihrem Rückgriff auf ein übergesetzliches natürliches Recht wurde auch die Position der Frau neu definiert. Als Prüfstein "richtigen" Rechts sollte ausschließlich die Vernunft gelten. Doch war es zunächst die Moraltheologie, später die Überlieferung, die eine uneingeschränkte Anwendung dieses Kriteriums in bezug auf die Rechtsstellung der Frau verhinderte.

Freiheit und Gleichheit aller Menschen war einer der Leitgedanken der neuzeitlichen Naturrechtslehre. Damit wurde auf lange Sicht der Nährboden für Rechtsforderungen von Frauen bereitet. Im Theoriengebäude des vernunftrechtlichen Systems kam die Rechtsstellung der Frau vornehmlich im Eherecht zur Sprache[166]. Dabei läßt sich ein stetiger Emanzipationsprozeß verfolgen, wenn auch der oben genannte Grundsatz theoretisch nicht voll verwirklicht wurde. Den Naturrechtlern diente der Gleichheitsbegriff insbesondere zur Kritik an der Privilegien- und Ständegesellschaft. Im Eherecht hingegen war der konsequenten Einverleibung der Gleichstellungsprämisse eine Barriere errichtet: Zum einen war nirgends im Recht der Konservativismus, d.h. das Hängen an der Form, so stark ausgeprägt wie im Familienrecht. Zum anderen hatte die bisherige Rechtsposition Frauen in die Unselbständigkeit verbannt. Daraus resultierend waren sie geschäftsunerfahren, auf lebenslange Versorgung in Ehe und Familie angewiesen und zuletzt noch mit dem Vorurteil der Minderbegabung belegt.

Ein zweites, den Emanzipationsprozeß der Frau beinflussendes naturrechtliches Prinzip war die Wechselbezüglichkeit von Rechten und Pflichten. Nur als

---

165 Das Vernunftrecht war zwar eine geistige Erneuerung. Die Grundlagen dieses Denkens ruhten jedoch auf heterogenen geschichtlichen Quellen, so daß sich eine geschlossene Tradition über die christlich-scholastischen Naturrechtslehren zu den antiken naturphilosophischen Lehren zurückverfolgen läßt; vgl. allgemein zu den Grundlagen: F. Wieacker, Privatrechtsgeschichte, S. 259 ff.

166 Dem Eherecht widmeten die profanen Naturrechtler besondere Aufmerksamkeit wegen der bis dahin uneingeschränkten Zuständigkeit der Kirche mitsamt ihrer Jurisdiktion in Ehesachen. Aber auch Hugo Grotius, dem eher eine Vermittlerrolle zwischen moraltheologischer Tradition und profanem Vernunftrecht zukommt (so F. Wieacker, Privatrechtsgeschichte, S. 299), verfaßte eine Abhandlung über die Ehe (j.b. II 5 §§ 1-16) aus Anlaß des Erwerbs persönlicher Rechte.

Mittel zur Erfüllung von Pflichten sollte man Rechte zugewiesen bekommen[167]. Durch zusätzliche Pflichten konnte also eine bevorzugte Rechtsstellung vor dem Gebot der Vernunft bestehen.

I. Hugo Grotius

Grotius untersucht in seinem Werk "de jure belli ac pacis" aus Anlaß der Erörterung des ursprünglichen Erwerbs persönlicher Rechte, "... was in der Ehe natürlichen Rechtes ist."[168] Dabei festigt er die ehemännliche Gewalt mit einer naturrechtlichen Begründung, weist ihr aber auch fest abgesteckte Grenzen zu[169].

Nach Grotius entstehen persönliche Rechte in der Ehe "durch Einwilligung", jedoch nicht in eine "Unterwerfung", sondern in eine "Vergesellschaftung"[170]. Dennoch solle dem Mann das Leitungsrecht in der Ehe zukommen, denn "... die Gewalt (ist) wegen des Geschlechtsunterschiedes nicht gleich, sondern der Mann ist das Haupt der Frau ..., denn die Frau tritt in die Familie ihres Mannes."[171] Dieses Denken ist noch ganz im Sinne der moraltheologischen Tradition und zeigt, daß eine Loslösung von kirchlichen Dogmen im Eherecht noch nicht stattgefunden hat.

Die gleichen Gedanken, nur mit einer anderen Begründung bezüglich der männlichen Vormachtsstellung, fanden sich schon in der "Inleidinge tot de Hollandsche Rechts-Geleerdheid". Hier stützte Grotius die naturrechtlich gegebene Gewalt auf eine angeborene verstandesmäßige Überlegenheit des Mannes[172].

In Anlehnung an Paulus konkretisiert er die Gewalt als "... ein Recht auf den Leib der Frau"[173]. Ein weiterer Ausfluß sei die Bestimmung des Wohnsitzes durch den Mann[174]. Darüber hinausgehende Rechte des Mannes über seine Ehefrau hätten keine Grundlage im Naturrecht[175].

Doch bestünden weitere "Freiheits"-Rechte für ihn. Während die Ehefrau durch ihr Gelöbnis zur Treue verpflichtet ist, stehe einer Polygamie des Mannes

167 R. Bartsch, Rechtsstellung, S. 160.
168 H. Grotius, j.b., II 5 § 8 Abs. 1.
169 In der "Inleidinge tot de Hollandsche Recht-Geleerdbeid" vertrat er noch die Auffassung, daß diese Aufgabe dem Zivilrecht zufalle; so K. Wellschmied, Inleidinge, S. 50.
170 H. Grotius, j.b., II 5 § 8 Abs. 1.
171 H. Grotius, j.b., II 5 § 8 Abs. 1.
172 H. Grotius, Inleidinge, I 3 § 8.
173 H. Grotius, j.b., II 5 § 9 Abs. 2.
174 H. Grotius, j.b., II 5 § 8 Abs. 1.
175 H. Grotius, j.b., II 5 § 8 Abs. 1.

nach dem Naturrecht nichts entgegen[176]. Sogar das Konkubinat sei nach dem Naturrecht eine "... Art wahrer und zulässiger Ehe"[177]. Die Frau müsse nur in den Schutz des Mannes treten und ihm die Treue versprechen[178]. Damit wollte Grotius in erster Linie standesunterschiedliche Ehen legitimieren. Doch birgt diese Auffasssung die Gefahr der heimlichen Eheschließung mit all ihren negativen Ausflüssen, insbesondere für die Frau, in sich[179].

Zu den Errungenschaften seiner Doktrin gehörte hingegen die entschiedene Ablehnung jeglichen Eingriffs von seiten des Mannes in die Vermögenssphäre der Frau[180]. Damit erkannte er das Dotalrecht als "natürliches" Güterrechtssystem an und verschaffte der Frau die individuelle Freiheit über ihr Vermögen.

Einen weiteren Fortschritt stellte die Anerkennung einer gemeinsamen elterlichen Gewalt dar. Die Rezeption des römischen Rechts mit seiner starren " patria potestas" hatte im gemeinen Recht die Teilnahme der Mutter an der Familiengewalt negiert. Nach Grotius erwerben nun die Eltern durch Zeugung ein persönliches Recht über die Kinder, " ... und zwar beide, der Vater und die Mutter."[181] Es solle jedoch eine Gewichtung in der Ausübung der elterliche Gewalt bestehen. Bei Meinungsverschiedenheiten "... geht wegen des Vorzugs des Geschlechtes das Recht des Vaters vor."[182].

Diese elterliche Gewalt wird in ihrem Umfang dem Alter des Kindes angepaßt und beschränkt. Dabei unterscheidet Grotius drei Altersstufen[183]:

1. die der Handlungsunfähigkeit
2. die der beschränkten Handlungsfähigkeit
3. die der Handlungsfähigkeit.

Die elterliche Gewalt ist auf die ersten beiden Stufen beschränkt, wobei auf der zweiten Stufe, die das Kind mit der Verstandesreife erreicht, nur noch solche Handlungen dem Willen der Eltern unterliegen sollen, "... welche für die Ver-

---

176 H. Grotius, j.b., II 5 § 9 Abs. 1. Eine naturrechtliche Begründung liefert Grotius jedoch nicht. Vielmehr leitet er seine Erkenntnis aus der Geschichte ab.

177 H. Grotius, j.b., II 5 § 15 Abs. 1.

178 H. Grotius, j.b., II 5 § 15 Abs. 2.

179 Nach F. Wieacker, Privatrechtsgeschichte, S. 299, Fn. 61, spiegelt sich hierin die Beinflussung durch das römische Recht wieder.

180 H. Grotius, j.b., II 5 § 8 Abs. 1: "Wenn den Ehemännern weitere Rechte eingeräumt werden, wie ... die Güter der Frau zu verkaufen, so ist dies nicht natürlichen Rechtes..."

181 H. Grotius, j.b. II 5 § 1.

182 H. Grotius, j.b. II 5 § 1.

183 H. Grotius, j.b. II 5 § 2 Abs. 1.

hältnisse der väterlichen oder mütterlichen Familie von Erheblichkeit sind."[184]. Der dritte Zeitraum beginnt mit dem Austritt aus der Familie. In dieser Periode "... ist der Sohn überall selbständig oder Herr über sein Recht."[185].

Da Grotius das Erreichen der Handlungsfähigkeit nur dem Sohn zuschreibt, stellt sich die Frage, ob aus dem Umkehrschluß die Erkenntnis zu gewinnen ist, daß er von einer beständigen Geschlechtsvormundschaft über unverheiratete Frauen ausgeht.

M.E. ist diese Frage zu verneinen[186]. Die Bezugnahme nur auf den Sohn ist im Spiegel der Zeit zu betrachten. Die Tochter trat im Regelfall nur dann aus der elterlichen Familie aus, wenn sie heiratete[187]. Damit stand sie aber unter der Gewalt ihres Ehemannes. Für Grotius ergab sich also an dieser Stelle konsequenterweise nicht die Erörterung der Handlungsfähigkeit von unverheirateten Frauen[188] Vielmehr wurde diese Frage erst nach Auflösung der Ehe relevant. Hier nun gewährt er ihr die "... Freiheit, einen anderen Mann zu nehmen"[189]. Eine naturrechtliche Beschränkung bestünde nur insoweit "..., daß über die Nachkommenschaft keine Verwirrung entsteht."[190] Demnach sollte die Heirat der Tochter ein endgültiges Erlöschen der elterlichen Gewalt und nicht nur deren Suspendierung mit der Folge eines Wiederauflebens bei Auflösung der Ehe nach sich ziehen. Zwar äußerte sich Grotius nicht über die Wiederverheiratung einer Witwe. Doch scheint naturrechtlich dasselbe zu gelten, da die Ehe und damit auch das Gewaltverhältnis mit dem Tode erlischt[191].

Über ihr Vermögen konnte die Frau schon während des Bestehens der Ehe verfügen, so daß sich auch nach der Auflösung hieran nichts änderte. Die geschiedene und verwitwete Frau war somit handlungsfähig.

---

184 H. Grotius, j.b. II 5 § 3.

185 H. Grotius, j.b. II 5 § 5.

186 U. Gerhard, Gleichheit, S. 31, bejaht diese Frage mit dem Hinweis auf die traditionelle Vormacht im Geschlechterverhältnis.

187 Dennoch wurde schon im 17. und 18. Jahrhundert von bekannten Juristen, wie etwa Carpzov und Harpprecht, die Einrichtung eines eigenen Haushalts auch bzgl. der Tochter mit der Wirkung der Entlassung aus der Gewalt des Vaters befürwortet; vgl. die Nachweise bei S. Weber-Will, Stellung der Frau, S. 206 f.

188 Eine andere Erklärung wäre, daß ihm die Abstraktion von den gesellschaftlichen Gegebenheiten nicht gelang.

189 H. Grotius, j.b., II 5 § 9 Abs. 2.

190 H. Grotius, j.b., II 5 § 9 Abs. 2.

191 H. Grotius, j.b., II 5 § 11.

Die unverheiratete Tochter verblieb jedoch unabhängig von ihrem Alter unter der elterlichen Gewalt und damit auf der zweiten Stufe[192]. Dieses Ergebnis läßt sich aus dem Ehebewilligungsrecht ziehen, das Grotius noch als Ausfluß der elterlichen Gewalt auffaßte[193].

Nach der abschließenden dreistufigen Handlungslehre wäre an sich die zusätzliche Behandlung dieses Themenkomplexes überflüssig. So rechtfertigt Grotius die Ausführungen auch, indem er erklärt, daß "... die Frage nach der Ehebewilligung der Eltern, ... einige schon zur naturrechtlichen Gültigkeit der Ehe verlangen."[194] Er selbst billigt lediglich dem Sohn die rechtliche Handlungsfähigkeit zu, ohne Zustimmung der Eltern zu heiraten. Denn mit der Eheschließung trenne er sich von der Familie und könne somit der elterlichen Gewalt nicht mehr unterworfen sein. Für ihn gelte es lediglich als ein Gebot der Anstandspflicht, den elterlichen Konsens einzuholen[195].

Nicht ganz zweifelsfrei ist hierbei die Stellung der Tochter. Wie bereits dargelegt, kannte Grotius eine "seperata oeconomia" auch bezüglich der Tochter mit Wirkung der Entlassung aus der elterlichen Gewalt nicht. Die Bezugnahme nur auf den Sohn bei der Verneinung des Ehebewilligungsrechts läßt den Schluß zu, daß für die Tochter die elterliche Zustimmung als ein nach dem Naturrecht wesentliches Erfordernis angesehen wird[196]. Auf dem Konsens beruhte nicht nur die Gültigkeit der Ehe, sondern auch die Entlassung aus der elterlichen Gewalt.

Aufschlußreich an seinen Überlegungen zum Ehebewilligungsrecht ist die im Anschluß folgende Ablehnung der diesbezüglichen römisch-rechtlichen Regelung. Er hält sie für naturrechtswidrig, da die Zustimmung der Mutter rechtlich völlig unbeachtlich sei[197].

Damit verfolgt er nicht nur die Tendenz, die Position der Ehefrau durch das Naturrecht zu bessern, sondern bekräftigt noch einmal die nun unumkehrbar eingeleitete Umwandlung der väterlichen Gewalt in eine elterliche.

Die Lehren des Grotius stellen, auch wenn ihm eine völlige Abstraktion von den aktuellen gesellschaftlichen Gegebenheiten nicht gelang und wohl auch nicht als notwendig erkannt wurden, einen Wendepunkt dar. Die im Mittelalter einge-

192 Es sei denn, sie wurde durch eine ausdrückliche Entlassungserklärung seitens der Eltern aus deren Gewalt befreit. Dieses Resultat läßt sich wohl aus einer Analogie zur Entlassung durch den Ehemann (H. Grotius, j.b., II 5 § 9 Abs. 2) finden.

193 Erst später machte sich der Gedanke geltend, daß das väterliche und mütterliche Einwilligungsrecht von der elterlichen Gewalt unabhängig sei; vgl. H. Dernburg, Deutsches Familienrecht, S. 52, Fn. 12.

194 H. Grotius, j.b., II 5 § 10 Abs.1.

195 H. Grotius, j.b., II 5 § 10 Abs.1.

196 Dieses Ergebnis findet seine Bestätigung auch in der dreistufigen Handlungslehre.

197 H. Grotius, j.b., II 5 § 10 Abs. 2.

leitete, aber durch die Rezeption unterbrochene Frauenemanzipation fand im Naturrecht ihre kontinuierliche Weiterentwicklung.

II. Christian Thomasius

Thomasius blieb es vorbehalten, mit der Bevorrechtung des Mannes im Familienverband zu brechen. Ansatzpunkt seiner äußerst egalitären Ehelehre in dem Werk "Institutiones jurisprudentiae divinae" war die Bestimmung des Wesens der Ehe von ihrem Ziel her. Zweck der Ehe sei allein die Erzeugung von Nachkommen[198]. Um dieses Ziel zu erreichen, bedürfe es jedoch keines ehemännlichen Herrschaftsrechts[199]. Ein solches ergebe sich auch nicht aus der Natur, da diese keine Ungleichheit unter den Ehegatten kenne[200]. Das Ziel der Ehe sei somit allein durch Freundschaft zu erreichen.

Samuel Pufendorf hatte bereits die Weichen zu diesem Denken gestellt. Er faßte die Ehe nicht als "Korporation" auf, sondern als bürgerlich-rechtlichen Kontrakt. Dementsprechend wurde der zivile Vertragsgedanke auch maßgeblich für die Position der Frau. Pufendorf betonte, daß es trotz der Überlegenheit an Körper- und Geisteskraft keine natürliche Vorherrschaft des Mannes gebe. Somit lasse sich die ehemännliche Gewalt lediglich durch einen Ehevertrag begründen, mit dem sich die Frau dem Mann unterwerfe[201].

Thomasius ging einen großen Schritt weiter. Ein Ehevertrag setze weder ein dauerndes Zusammenleben noch ein einseitiges Treueversprechen der Frau voraus. Auch die Überlassung der Wohnsitzbestimmung durch die Frau an den Mann sei von Natur aus für das Wesen des Ehevertrages nicht erforderlich[202]. Zwar habe die Frau die Möglichkeit, vertraglich all dies und auch ein Herrschaftsrecht ihrem Mann einzuräumen. Eine Verpflichtung bestünde aber nicht.

Unter Pufendorf fand die theologische Begründung der Ungleichheit ein Ende. Doch führte seine naturrechtliche Betrachtung zu einer faktischen Aufhebung der proklamierten Gleichheit. Der Ehevertrag wurde zu einem ungleichen Bündnis, indem der Mann Schutz, die Frau aber Gehorsam versprach[203]. Den Übergang von der natürlichen Gleichheit zur rechtlichen Selbstbestimmung vollzog erst Thomasius, indem er den vernunftrechtlichen Leitgedanken von Freiheit und

198 Vgl. M. Erle, Naturrecht, S. 216.
199 Vgl. M. Erle, Naturrecht, S. 245.
200 Vgl. M. Erle, Naturrecht, S. 219.
201 S. Pufendorf, de jure, VI 1 § 9.
202 Vgl. M. Erle, Naturrecht, S 219.
203 M. Erle, Naturrecht, S. 270.

Gleichheit nahezu schrankenlos auf die Ehe anwandte. Doch hat auch er die Tradition, der er kritisch gegenüberstand, nicht völlig ausschalten können[204].

Festhalten läßt sich, daß die Theorie des Vernunftrechts zu einer neuen Betrachtungsweise im Verhältnis der Geschlechter zueinander führte. Mit der Vernunft als Maßstab der Kritik ebnete sie den gedanklichen Weg der Frauenemanzipation, innerhalb wie auch außerhalb der Ehe. Im Allgemeinen Landrecht für die Preußischen Staaten von 1794 begann schließlich die legislative Umsetzung dieser Idee.

---

204 So leitet Thomasius später in den "Fundamenta" die ehemännliche Gewalt mit dem Argument der Sitte her; vgl. M. Erle, Naturrecht, S. 246.

F. Emanzipation im Allgemeinen Landrecht für die Preußischen Staaten[205]

Als einziges der großen Aufklärungsgesetzbücher enthält das Allgemeine Landrecht den Grundsatz der Gleichberechtigung von Mann und Frau: "Die Rechte beider Geschlechter sind einander gleich, soweit nicht durch besondere Gesetze oder rechtsgültige Willenserklärungen Ausnahmen bestimmt werden."[206] Obwohl dieser Grundsatz unter dem Vorbehalt der Ausnahmen im Ehe- und Familienrecht nicht verwirklicht wurde[207] und die Gesetzgebungsgeschichte der Norm nicht einmal auf einen Programmsatz schließen läßt[208], beinhaltete der Satz dennoch eine nicht geringe Bedeutung für die Emanzipation der Frau: Er proklamierte einen Begründungszwang für ihre besondere Rechtsstellung.

Ausgangspunkt für die Stellung der Ehefrau war die Charakterisierung der Ehe als zivilrechtlicher Vertrag[209]. Sie kam durch die "freye Einwilligung beyder Theile"[210] zustande. Mit der Deutung als reines Rechtsverhältnis wandte man sich gegen die kanonische Rechtsauffassung von der Doppelnatur der Ehe – Sakrament und Vertrag – und die von der Kirche beanspruchte Jurisdiktion in Ehesachen[211]. Es konnte nun die detaillierte und unbegrenzte Fixierung des Ehebildes durch den Gesetzgeber erfolgen.

---

205 Die Beschränkung auf nur eine der großen Kodifikationen an der Wende vom 18. zum 19. Jahrhundert rechtfertigt sich nicht nur daraus, daß das Geltungsgebiet des Allgemeinen Landrechts den größten Rechtsbereich Deutschlands gebildet haben dürfte; sie erscheint auch im Hinblick auf die Vielzahl der Gesetzeswerke dieser Zeit erforderlich. Zudem ist Preußen für die Vorgeschichte des Bürgerlichen Gesetzbuches als wichtigstes Land anzusehen.

206 I 1 § 24 ALR.

207 H. Conrad, Rechtsstellung der Ehefrau, S. 253 (260).

208 S. Weber-Will, Stellung der Frau, S. 281 ff.

209 Ein Teil der Literatur faßt die Ehe des Allgemeinen Landrechts als "Korporation" auf; vgl. F. Wieacker, Privatrechtsgeschichte, S. 297; W. Müller-Freienfels, Ehe und Recht, S. 20. Für einen Vertrag spricht jedoch die eindeutige Formulierung von C. G. Svarez, Vorträge, S. 316: "Die Ehe ist ein Kontrakt, durch welche zwei Personen verschiedenen Geschlechts sich verbinden, vereinigt zu leben, Kinder miteinander zu erzeugen und zu erziehen und sich in ihren Bedürfnissen gegenseitig Hilfe und Unterstützung zu leisten."

210 II 1 § 38 ALR.

211 Zwar wurde die Rechtsform der priesterlichen Trauung beibehalten (II 1 § 136 ALR), doch war dies mehr ein "Alibi christlicher Grundhaltung", R. Mestwerdt, Ehe, S. 21. So auch W. Müller-Freienfels, Ehe und Recht, S. 22 indem er darlegt,

Bei der Bestimmung des Zwecks der Ehe hielt das Allgemeine Landrecht noch an dem Grundprinzip der Gleichwertigkeit der ehelichen Vertragspartner fest[212]. "Hauptzweck der Ehe ist die Erzeugung und Erziehung der Kinder"[213], aber "Auch zur wechselseitigen Unterstützung allein kann eine gültige Ehe geschlossen werden."[214] Von der Möglichkeit, nun auf der Basis des zivilrechtlichen Vertrages eine neue Ehekonzeption zu entwerfen, wurde kein Gebrauch gemacht. Zwar beinhaltet die Rechtsordnung der preußischen Staaten einen detaillierten Katalog wechselseitiger Rechte und Pflichten[215], die patriachalische Grundform blieb jedoch bei der eheinternen Rollenverteilung bestehen. Das Allgemeine Landrecht erklärte den Mann ausdrücklich zum "Haupt der ehelichen Gesellschaft"[216]. Dabei ging man aber von einem auf Verständigung ausgerichteten Umgang mit dieser dominierenden Stellung aus. Der Ansatz zu einem partnerschaftlichen Verhältnis zeigt sich in der Abkehr von der Befehlsgewalt des Mannes. Gemeinsames Beraten und Überlegen der Eheleute wurde vorausgesetzt, und nicht der bedingungslose Gehorsam der Frau[217].

Diese vom Gesetzgeber vorgenommene eheinterne Rollenverteilung findet sich auch in ihrem Verhältnis als Eltern wieder. Der vom Vernunftrecht erhobenen Forderung einer Umwandlung der väterlichen Gewalt in eine gemeinsame elterliche folgte der preußische Gesetzgeber nur bedingt. Zwar normierte er neben der väterlichen Gewalt gemeinsame Rechte und Pflichten der Eltern[218] bestimmte jedoch, daß die Kinder vorrangig unter väterlicher Gewalt stehen sollten[219].

Bei dem Ehekonsensrecht ist jedoch ein Rückschritt zu verbuchen. Es bestand lediglich die Verpflichtung, eine Einwilligung des Vaters einzuholen. Die Zustimmung der Mutter war unerheblich[220].

---

daß der katholische Priester an einer Wiederverheiratung geschiedener Katholiken mitwirken mußte.

212 U. Gerhard, Verhältnisse, S. 159.

213 II 1 § 1 ALR.

214 II 1 § 2 ALR.

215 II 1 § 173ff. ALR.

216 II 1 § 184 ALR.

217 So bestimmte II 1 § 184 ALR weiter: "... und sein Entschluß gibt in gemeinschaftlichen Angelegenheiten den Ausschlag." Vgl. S. Weber-Will, Stellung der Frau, S. 65 f. mit Verweis auf die Materialien.

218 II 2 § 58 – 146 ALR.

219 II 2 § 62 ALR.

220 An den Mangel der väterlichen Zustimmung waren jedoch unterschiedliche Rechtsfolgen geknüpft. Binnen einer Frist von 6 Monaten ab Kenntniserlangung konnte der Vater die Ehe für ungültig erklären lassen. War der Sohn aus der väterlichen Gewalt entlassen oder die Tochter über 24 Jahre alt, stand ihm lediglich ein

In bezug auf das eheliche Güterrecht stellte das Allgemeine Landrecht einen Kompromiß dar zwischen überkommenem Zustand und zukunftsgerichteter Liberalität. Es beschränkte sich auf die Normierung einer abgeänderten Form der sächsischen Verwaltungsgemeinschaft[221] und ließ grundsätzlich keine Vertragsfreiheit zu[222]). Die Fortschrittlichkeit zeichnete sich nun dadurch aus, daß es neben dem gesetzlichen Vorbehaltsgut[223] auch vertraglich ausdingbare Vermögenswerte der Frau anerkannte, und zwar in unbeschränkter Höhe[224]. Nicht nur durch eine voreheliche Vereinbarung, sondern auch nach Eheschluß konnte durch einen gerichtlichen Vertrag das Vermögen der Frau zu Vorbehaltsgut erklärt werden. Auch gingen Geschenke und Erbschaften in das vorbehaltene Vermögen ein, wenn der Schenker oder Erblasser dies ausdrücklich bestimmt hatte[225].

An dem Vorbehaltsgut standen der Frau Verwaltung, Nießbrauch und die freie Dispositionsbefugnis zu[226]. Sie unterlag grundsätzlich keinen Verfügungsbeschränkungen[227].

Damit verwarf der preußische Gesetzgeber das Vorurteil der Minderbegabung der Frau. Er erkannte ihr die intellektuelle Fähigkeit zu, unabhängig Vermögenentscheidungen zu treffen[228]. Diese weitgehend selbständige Stellung galt jedoch nur für vorbehaltene Vermögenswerte. Über eingebrachtes Vermögen konnte die Frau ohne Einwilligung des Ehemannes nicht mehr verfügen[229]. Der Grad ihrer Handlungsfähigkeit hing somit entscheidend von ihrer Verhandlungsposition und damit von ihren Vermögensverhältnissen ab.

Eine weitaus freiere Stellung nahmen wiederum ledige, geschiedene und verwitwete Frauen ein. Eine Geschlechtsvormundschaft sowie das Wiederaufleben der väterlichen Gewalt normierte das Allgemeine Landrecht nicht[230]. Damit er-

---

Enterbungsrecht zu; vgl. zum Ehekonsensrecht ausführlich S. Weber-Will, Stellung der Frau, S. 125 ff.

221 II 1 § 205 ALR.

222 H. Dörner, Industrialisierung, S. 48. Als spezielleres Recht blieben jedoch Provinzialgesetze und Statuten in Kraft, welche die Güter- oder Errungenschaftsgemeinschaft festlegten; R. Hübner, Grundzüge, S. 687.

223 Hierzu gehörte nach der Definition des Gesetzes (II 1 § 206 ALR) das, "... was nach seiner Beschaffenheit zum Gebrauche der Frau gewidmet" war.

224 II 1 § 208 ALR.

225 II 1 § 212, 214 ALR.

226 II 1 § 221 ALR.

227 II 1 § 222 ALR. Grenzen waren ihr dennoch gesetzt. So war der Ehemann befugt bei "einer wirklichen Verschwendung" des vertraglich vorbehaltenen Vermögens gerichtlich einzuschreiten. Ihm wurde dann die Kuratel über Frau und Vermögen übertragen; vgl. II 1 §§ 226, 227 ALR.

228 H. Dörner, Industrialisierung, S. 50.

229 S. Weber-Will, Stellung der Frau, S. 87 f. m.w.N.

230 Vgl. dazu ausführlich S. Weber-Will, Stellung der Frau, S. 197ff., 220ff.

kannte es grundsätzlich die volle Handlungsfähigkeit[231] für ledige, nicht unter väterlicher Gewalt stehende Frauen an[232]. Doch stellte sich die Beendigung der väterlichen Gewalt als ein Hindernis auf dem Weg zur rechtlichen Selbständigkeit dar. Sie erlosch nicht mit dem Volljährigkeitsalter von 24 Jahren[233], sondern bei der Tochter nur mit ihrer Heirat[234] oder aufgrund ausdrücklicher Entlassungserklärung[235]. Großjährige Söhne hingegen erlangten die volle Handlungsfähigkeit regelmäßig, wenn "eine von den Aeltern abgesonderte Wirthschaft errichtet" wurde[236], ferner bei Betreiben eines eigenen Gewerbes oder Bekleidung eines öffentlichen Amtes[237]. Damit hatten Söhne die Möglichkeit, sich notfalls gegen den Willen des Vaters aus der Gewalt zu lösen. Töchter konnten die Entlassungserklärung hingegen nicht erzwingen[238].

Die wohl wichtigste Besserstellung führte der preußische Gesetzgeber zugunsten der unschuldig geschiedenen Frau ein. Sie konnte einen standesgemäßen Unterhalt entsprechend den Einkommensverhältnissen des Mannes bis an ihr Lebensende fordern[239]. Damit mußte nun auch die vermögenslose Frau nicht mehr aus Versorgungsgründen in einer für sie unerträglichen Ehe ausharren[240].

In der rechtlichen Bewertung des Ehebruchs findet sich jedoch die herrschende patriarchale Moralvorstellung der Zeit verfestigt, die dem ehewidrigen Verhalten der Frau einen höheren Unrechtsgehalt beimaß[241]. So konnte bei einem beiderseitigen Ehebruch der Mann dem Scheidungsbegehren der Frau widersprechen. Ihr hingegen stand ein solches Widerspruchsrecht nicht zu[242].

---

231 Der Begriff "Geschäftsfähigkeit" wurde erst durch ein preußisches Gesetz vom 12. Juli 1875 (Nr. 8364) eingeführt.

232 I 5 § 23 ALR: "Unverheyrathete Frauenspersonen werden, dafern die Provinzialgesetze keine Ausnahmen machen, bey Schließung der Verträge den Mannspersonen gleich geachtet." Besonderheiten galten weiterhin bei den sogenannten Rechtswohltaten; vgl. S. Weber-Will, Stellung der Frau, S. 234 ff.

233 Hier trat lediglich die uneingeschränkte Verpflichtungs- und Verfügungsbefugnis über das freie Vermögen ein, allerdings ohne rechtliche Differenzierung zwischen den Geschlechtern; II 2 §§ 125, 131 ALR.

234 2 § 228f. ALR.

235 II 2 § 230 ALR.

236 II 2 § 210 ALR.

237 II 2 § 212a ALR.

238 S. Weber-Will, Stellung der Frau, S. 212 f.

239 II 1 §§ 784, 798ff. ALR. Dem unschuldig geschiedenen Mann stand ein solcher Anpruch nur in Ausnahmefällen zu; vgl. II 1 § 809 ALR.

240 R. Mestwerdt, Ehe, S. 37.

241 M. Weber, Ehefrau und Mutter, S. 336 spricht hierbei von einer "doppelten Moral" des ALR.

242 II 1 § 671 ALR.

Als Ergebnis läßt sich festhalten, daß die Emanzipation der nicht in einer Ehe stehenden, aus der väterlichen Gewalt entlassenen Frau am weitesten fortgeschritten war. Die Stellung der Ehefrau war nach wie vor geprägt durch die patriarchalische Vorrangstellung des Mannes. Dies zeigt sich nicht nur in der vermögensrechtlichen und persönlichen Gestaltung des ehelichen Lebens, sondern auch in der Verteilung der elterlichen Befugnisse. Doch beinhaltete das Ehebild des Allgemeinen Landrechts bereits einschneidende Beschränkungen der Herrschaftsrechte des Mannes, die mit einer gleichzeitigen Anhebung der Stellung der Frau verbunden waren.

G. Friedrich Carl von Savignys Ausführungen zur Stellung der Frau

Eine ausführliche Stellungnahme zum Familen- und Eherecht hat Savigny im zweiten Buch des ersten Bandes seines "System des heutigen Römischen Rechts" abgegeben. Dabei ging es ihm jedoch mehr um die systematische Erfassung als um die inhaltliche Ausformung bestimmter Rechtsfiguren. So sind seine Sachaussagen zum persönlichen Familien- und Eherecht auch unter der Berücksichtigung, daß er nur einen Allgemeinen Teil entworfen hat, sehr spärlich. Dennoch soll der Versuch unternommen werden, aus seinen Äußerungen eine rechtliche Positionsbestimmung der Frau zu eruieren.

I. Abkehr vom individualrechtlichen Grundgedanken

Der Ansatzpunkt seiner Familienrechtslehre liegt in der sorgfältigen Abgrenzung zwischen den Obligationen und der Familie, gerade weil beide "ein Verhältnis zu bestimmten Individuen"[243] beinhalten. Jedoch sei die Familie "die Grundlage einer neuen, ganz eigenthümlichen Art von Rechtsverhältnissen"[244]. Damit wird zunächst das Individuum "als ein unvollständiges, der Ergänzung in einem großen Naturzusammenhang bedürftiges Wesen"[245] von der Betrachtung überflügelt, und die Familie besetzt den freigewordenen Platz. Seinen Höhepunkt erreicht der von Savigny erörterte überpersonale Bezugsrahmen mit der vollständigen Ausgrenzung des einzelnen bei Abschluß des Gesellschaftsvertrages: "In den Familien nun sind die Keime des Staates enthalten, und der ausgebildete Staat hat die Familien, nicht die Individuen unmittelbar zu Bestandtheilen."[246] Ganz im Gegensatz zum Allgemeinen Landrecht wird mit der Betrachtung der gesamten Familie die Errungenschaft des Begründungszwangs für die Rechtsstellung des einzelnen, insbesondere der Frau, aufgegeben. Somit stellt sich für Savigny an dieser Stelle auch nicht die Frage, wie das familiäre Internum zu gestalten sei und wer die Familie repräsentiere. Vorab hatte er jedoch schon kundgetan, daß eine partnerschaftliche Ausgestaltung nicht in Betracht komme. "Denn die Familie hat ...

243 F. C. v. Savigny, System I, S. 342.
244 F. C. v. Savigny, System I, S. 340.
245 F. C. v. Savigny, System I, S. 340.
246 F. C. v. Savigny, System I, S. 343, 344.

... in dem Verhältniß des Regierens und des Gehorchens, unverkennbare Ähnlichkeit mit dem Staate."[247]

II. Begrenzung rechtlicher Regelungsmöglichkeiten

Das entscheidende Abgrenzungskriterium zu den Obligationen, was im Folgenden nachhaltig auf das Geschlechterverhältnis einwirken sollte, war jedoch die Betrachtung der Familie als ein "Naturverhältnis"[248], die nur teiweise vom Recht beherrscht werde, während das Vermögen der Rechtsordnung vollständig unterworfen sei[249]. Mit diesen Abgrenzungsattributen konnte dann auch, an dem beiden Sachgebieten innewohnenden Verhältnis der Individuen, die Unterscheidung vorgenommen werden: "Denn bey den Obligationen ist es partielle Unterwerfung des Einen unter des Anderen Willen: bey der Familie ist es ein natürlich-sittliches, daneben auch rechtliches, Lebensverhältnis, welches durch Beider Verbindung fortwährend hervorgebracht werden soll, und wobey eine solche Unterwerfung gar nicht Inhalt des Rechtsverhältnisses ist."[250] Damit erhielt die Familie also "drey unzertrennlich vereinigte Gestalten"[251] und mit ihr auch die Familienverhältnisse, die ebenfalls "nur zum Theil eine juristische Natur an sich tragen"[252], wobei "die juristische Seite ihres Wesens gerade die geringere ist, indem die wichtigere einem ganz anderen Gebiete als dem des Rechts angehört.[253]

Dieser Rückzug des Rechts aus den Familienverhältnissen bedeutete auch die weitere Aufgabe des von ihm gewährten Schutzes speziell für die Frau. Die nähere Beleuchtung einiger Bestandteile des "reinen Familienrechts" wird zeigen, daß die Quintessenz von Savignys Lehre unweigerlich zu einem unanfechtbaren Geschlechterverhältnis hinführt, bei dem die Frau dem Ehemann wiederum untertan ist.

---

247 F. C. v. Savigny, System I, S. 23.
248 F. C. v. Savigny, System I, S. 345.
249 F. C. v. Savigny, System I, S. 370: "In beiden Theilen des Vermögensrechts besteht der Stoff nicht so, wie bey der Familie, in einem natürlich sittlichen Verhältnis, ... sondern es sind vielmehr reine, bloße Rechtsverhältnisse".
250 F. C. v. Savigny, System I, S. 387.
251 F. C. v. Savigny, System I, S. 346.
252 F. C. v. Savigny, System I, S. 347.
253 F. C. v. Savigny, System 1, S. 347.

III. Gestaltung der familiären Innenbeziehungen

Bei der Untersuchung, welche Erscheinungsformen der Familie überhaupt rechtlich zu qualifizieren sind und welche keinen juristischen Charakter haben, trennte Savigny zunächst zwischen reinem Familienrecht (Ehe, väterliche Gewalt, Verwandschaft, Vormundschaft) und angewandtem Familienrecht (Güterrecht)[254]. Das angewandte Familienrecht sei "gerade dasjenige, was der Familie vorzugsweise ihren eigentlichen juristischen Character gibt."[255]

Der gesamte Innenbereich der Familie entziehe sich jedoch rechtlicher Beurteilung. Sowohl eheliche Pflichten als auch väterliche Befugnisse würden allein von der Sitte erfaßt[256]. Die rechtliche Ausgestaltung beschränke sich bei diesen Instituten des reinen Familienrechts lediglich auf die Normierung der Voraussetzungen, Entstehungsarten und Auflösungsgründe[257].

Damit verschaffte Savigny einer rechtlich ungebundenen Herrschaft des Ehemannes und Vaters einen weiten Raum. Die mit der Zuweisung der personalen Beziehungen auf die metajuridische Seite verbundenen Gefahren waren ihm dabei wohl bewußt. So spricht er von "der rechtlich unbestimmten Macht, die der Vater ohnehin über das Kind, auch ohne Rücksicht auf dessen Alter, hat"[258]. Es galt also, den Rückzug des rechtlichen Individualschutzes zu rechtfertigen und die Familiengewalt als kontrollierbar darzustellen. Dazu diente ihm das idealisierte Bild des altrömischen "pater familias"[259] in einer konfliktlos gedachten Familie. So konnte "der edle und menschliche Gebrauch, den der Hausvater von seiner Familiengewalt machen soll, auch nur der Sitte überlassen bleiben."[260] Ebenso komme man nur mit der ergänzenden Berücksichtigung der Sitte zu dem Schluß, "daß in keinem Volk des Alterthums die Hausfrauen so hoch geehrt waren als in Rom."[261] Eine natürliche oder sittliche Beteiligung der Mutter an der Familiengewalt, zumindest über die Kinder, findet sich in Savignys Gedankengebäude nicht. Vielmehr erklärt er die väterliche Gewalt als "ein selbstständiges

254 F. C. v. Savigny, System I, S. 388.
255 F. C. v. Savigny, System I, S. 380.
256 F. C. v. Savigny, System I, S. 350: "Es wird also hier keineswegs geleugnet, daß zum Wesen der Ehe Treue und Hingebung, so wie zur väterlichen Gewalt Gehorsam und Ehrfurcht gehöre; allein diese an sich wichtigsten Elemente jener Verhältnisse stehen unter dem Schutz der Sitte, nicht des Rechts."
257 F. C. v. Savigny, System I, S. 352.
258 F. C. v. Savigny, System I, S. 353.
259 E. Wolf, Große Rechtsdenker, S. 510.
260 F. C. v. Savigny, System I, S. 350.
261 F. C. v. Savigny, System I, S. 350, 351.

Familienverhältnis, wodurch durchaus keine neue Bestimmung für das wechselseitige Verhältnis der Ehegatten selbst enthalten ist."[262]

1. Ehe als Institution

Diese dogmatischen Ausführungen über die ausschließlich natürlich-sittliche Fundierung der familiären Innenbeziehungen erhielten in bezug auf die Ehe mit Savignys Schrift zur Verteidigung des preußischen Gesetzentwurfes zur Reform der Ehescheidung[263] rechtstheoretische und rechtspolitische Bedeutung[264].

Savigny geht von seiner Anschauung aus, daß "die Ehe mit den obligatorischen Verträgen Nichts gemein hat"[265], hält aber dennoch an der formalen Vertragsnatur als Einordnungskriterium fest[266]. Da aber das Wesen der Ehe "zum großen, ja zum wichtigsten Theil nicht in einem rechtlichen, sondern in einem sittlichen Verhältnis"[267] bestehe, entwickelt er drei Gesichtspunkte, die "in gesetzlichen Bestimmungen über das Eherecht Anerkennung und Beachtung in An-

---

262 F. C. v. Savigny, System I, S. 352.

263 "Darstellung der in den Preußischen Gesetzen über die Ehescheidung unternommenen Reform". Die Schrift ist 1844 aus der Tätigkeit Savignys als preußischer Gesetzgebungsminister entstanden, zuerst jedoch anonym veröffentlicht worden. Erstmals unter Savignys Namen abgedruckt in: Vermischte Schriften V, S. 222 ff., (226 ff.).

264 Zwar gelangten die Reformbestrebungen zum materiellen Scheidungsrecht trotz mehrerer Anläufe nicht zu einem legislativen Ergebnis, so daß die scheidungsrechtlichen Vorschriften des Allgemeinen Landrechts bis zur Einführung des Bürgerlichen Gesetzbuches am 1.1.1900 weiter in Geltung blieben (vgl. dazu R. Mestwerdt, Ehe, S. 42; D. Giesen, FamRZ 1984, S. 1188 (1189).). Dennoch war der Siegeszug der Lehre vom primär natürlich-sittlichen Chrarakter von Ehe und Familie nicht aufzuhalten. Ihren Höhepunkt erreichte sie mit dem ersten Entwurf eines Bürgerlichen Gesetzbuches, der 1888 zusammen mit den "Motiven" der Öffentlichkeit übergeben wurde und der in seinen wesentlichen Teilen im späteren Gesetzestext aufging. P. Mikat, FS-Bosch, S. 671-697, hat nachgewiesen, daß zwischen Savigny und den Verfassern des Ersten Entwurfs eine Übereinstimmung der Grundansichten bis in die Details, gelegentlich sogar bis in die Formulierungen besteht; vgl. S. 689-695 u. Fn. 152. Er ist sogar geneigt anzunehmen, daß keine andere Darstellung einen größeren Einfluß auf die Beratungen der Ersten Kommission genommen hat. Selbst 125 Jahre nach dem ersten Erscheinen erfolgte ein teilweiser Nachdruck der Schrift in der FamRZ 1969, S. 1-4, im Hinblick auf die derzeit erwogene Neuordnung des Ehescheidungsrechts. Die Veröffentlichung ist mit dem Hinweis versehen, daß die Gedanken Savignys von LG Rat D. Huhn, in: FamRZ 1967, S. 268, Fn. 12, "mit Recht" als "sehr modern" bezeichnet wurden.

265 F. C. v. Savigny, System VIII, S. 325.

266 F. C. v. Savigny, System III, S. 320.

267 F. C. v. Savigny, Vermischte Schriften V, S. 233.

spruch zu nehmen haben"[268]. Der erste Gesichtspunkt beinhaltet den Schutz gegenüber Rechtsverletzungen durch einen Ehepartner[269]. "Ein zweiter besteht in der individuellen Freiheit der Ehegatten; der dritte und wichtigste endlich in der Würde der Ehe selbst, diese als Institution betrachtet, unabhängig von dem Recht und dem Willen der Individuen."[270] Dieser Institutionscharakter begründe "die sittliche Erhebung des weiblichen Geschlechts über die unwürdige Stellung, die dasselbe bei vielen Nationen einnimmt"[271]. Um diese Position der Frau nicht in Gefahr zu bringen, müsse der Gesichtspunkt der individuellen Freiheit zurücktreten und auch die Scheidung im Ergebnis erschwert werden[272]. In erster Linie ging es ihm dabei um die Abschaffung der "völlig freien Scheidung durch gegenseitige Einwilligung"[273] und "durch einseitige Willkühr"[274]. Daß im Interesse der Wahrung der sittlichen Persönlichkeit des einzelnen gerade eine von Autonomie und Freiheit gekennzeichnete Scheidung geboten sein könnte, anerkennt er nicht. Die personale Verfassung des von dem Scheidungsbegehren gegen seinen Willen Betroffenen bleibe dabei unberücksichtigt[275].

Das auch heute noch beachtenswerte legitime Bestandsinteresse des an der Ehe festhaltenden Partners als Ausdruck des Gebots sozialverantwortlicher Rücksichtnahme[276] darf nicht darüber hinwegtäuschen, daß Savignys angeblich frauenfreundlicher Argumentation eine religiös motivierte patriarchale Eheauffassung zugrunde lag. In aller Deutlichkeit zeigt sich diese in der Formel vom Ehemann als "Haupt der Familie"[277], aber auch in der geforderten strengeren Gesetzgebung. Eine solche würde nach Savigny die Selbstbeherrschung im Eheverhalten fördern und den Ernst und die Würde der Ehe wieder in Geltung bringen sowie einen heilsamen moralischen Eindruck hinterlassen[278]. Das sich hierin aus-

---

268 F. C. v. Savigny, Vermischte Schriften V, S. 236.
269 F. C. v. Savigny, Vermischte Schriften V, S. 233, 236, 237.
270 F. C. v. Savigny, Vermischte Schriften V, S. 233.
271 F. C. v. Savigny, Vermischte Schriften V, S. 239.
272 F. C. v. Savigny, Vermischte Schriften V, S. 241.
273 F. C. v. Savigny, Vermischte Schriften V, S. 241.
274 F. C. v. Savigny, Vermischte Schriften V, S. 241.
275 F. C. v. Savigny, Vermischte Schriften V, S. 240.
276 MünchKomm-Wolf, § 1568 Rdn. 40; D. Schwab, FamRZ 1984, S. 1171 (1175). Kritisch dazu S. Simitis, Zur Situation des Familienrechts – Über einige Prämissen, in: Simitis/Zens, Seminar, S. 15 (52), der eine "wie auch immer formulierte Härteklausel" ablehnt; ebenso G. Lücke, PS-Bosch, S. 627 (642f.).
277 F. C. v. Savigny, System VIII, S. 325.
278 F. C. v. Savigny, Vermischte Schriften V, S. 246ff.

drückende christliche Eheverständnis diente einer erneuten Festigung der hierarchischen Struktur[279].

Die Ehe zu einem unantastbaren Privatbereich unter der Herrschaft des Mannes auszubauen, spiegelt sich auch in dem Bestreben wider, eheinternen Angelegenheiten den Rechtsschutz zu versagen. Unzweifelhaft erkennt Savigny an, "daß ein Ehegatte durch Ehebruch, bösliche Verlassung, oder durch Mißhandlungen, die Rechte des andern schwer verletze."[280] Eine autoritativ-richterliche Wiederherstellung des gestörten Rechtszustandes sowie eine Sicherung für die künftige Zeit sei jedoch mangels der Möglichkeit tatsächlicher Einflußnahme kaum durchführbar[281].

2. *Zustand der Person an sich*

Die Frau war nach dem bisher Gesagten zwar nicht schutzwürdig gegenüber der Hierarchie, jedoch verbot sich für Savigny jede Form von Despotie. So lehnt er entschieden den Begriff der "**ehemännlichen**[282] Gewalt" ab[283].

Die Geschlechtsvormundschaft findet sich in keiner ihrer Abstufungen oder Bedeutungen von Savigny als "natürliches Familieninstitut"[284] erwähnt. Damit ist

---

279 Die zahlreichen Scheidungstatbestände des Allgemeinen Landrechts (§§ 669 – 718 II 1 ALR.) hatten ein häufiges Auswechseln der familiären Verbindungen ermöglicht. Resultat dieser Entwicklung war eine gewisse Demontage der familiären Gewalt und damit ein Emanzipationseffekt zugunsten der Frau (vgl. o. unter F.), obwohl dies nicht das Ziel des Gesetzgebers war, sondern bevölkerungspolitische Interessen im Vordergrund standen.

280 F. C. v. Savigny, Vermischte Schriften V, S. 237.

281 F. C. v. Savigny, Vermischte Schriften V, S. 236, 237 und System VIII, S. 525, Fn. c. Mit dieser Argumentation widerspricht er seinem eigenen Gedankengebäude. Die im System I, S. 350 ausdrücklich unter dem Schutz der Sitte angesiedelten und von ihr bestimmten Ehepflichten sollen nun bei einer Verletzung in Rechtspflichten übergehen. (Auf diese Inkonsequenz hat bereits H. Dörner, Industrialisierung, S. 85, Fn. 65 hingewiesen.) Gerade das aber wollte Savigny bei der Abgrenzung zwischen Recht und Sittlichkeit verhindern. Denn: "Das Recht dient der Sittlichkeit, aber nicht indem es ihr Gebot vollzieht" (System I, S. 332). In seiner Vertragslehre verwarf er den Rechtsschutz sogar ausdrücklich: "Wenn der Geistliche die Verlobten fragt, ob sie einander Liebe und Treue beweisen wollen bis in den Tod, und sie diese Frage bejahen, so hat ihre Erklärung nicht den Sinn eines Versprechens bestimmter Handlungen, noch der Unterwerfung unter den gerichtlichen Zwang, für den Fall, daß diese Handlungen nicht geleistet würden;" (System III, S. 320).

282 Hervorhebung bei Savigny.

283 F. C. v. Savigny, System I, S. 351, Fn. f.: Lediglich "die freye Ehe (ohne die geringste Spur von Gewalt)" sei "allein mit dem Römischen Recht zu uns herüber gekommen."

sie nicht notwendiger Ausdruck eines natürlich-gesellschaftlichen Seins und gehört auch nicht dem "ius naturale"[285] an. Von den "natürlichen Familieninstituten" grenzt Savigny die "künstlichen Erweiterungen des Familienrechts" ab[286]. Letztere seien lediglich Ausprägungen des positiven Rechts, "weshalb ihr Daseyn auch nicht in einer allgemeinen Nothwendigkeit gegründet ist."[287] Als Beispiel führt er unter anderem die manus als Institut des römischen Familienrechts der klassischen Zeit an. Sie habe "auf einer künstlichen Verschmelzung der beiden Hauptzweige der natürlichen Familie, der Ehe mit der väterlichen Gewalt"[288], beruht. Die Ehefrau sei "dadurch in das rechtliche Verhältnis einer Tochter des Ehemannes versetzt"[289] worden. Das gänzliche Verschwinden der manus und anderer Rechtsinstitute im Laufe der historischen Entwicklung sowie die Aufnahme von Instituten des Germanischen Rechts veranlaßt Savigny, die Grenzen des Familienrechts für variabel und damit "die Möglichkeit freyer Entwicklung für jedes positive Recht"[290] anzuerkennen.

Daß er dabei dennoch nicht bereit ist, die Rückgewandtheit seiner geschichtlichen Betrachtungsweise zu durchbrechen, verdeutlicht eine spätere Auseinandersetzung mit der Geschlechtsvormundschaft[291].

Die Erörterung steht im Zusammenhang mit den Ausführungen über ein Rückwirkungsverbot bezüglich neuer Gesetze, die den Zustand der Person betref-

---

284 Zur bisher nicht eindeutig.geklärten Frage des Zusammenhangs zwischen der Terminologie Rechtsinstitut und Institution bei Savigny vgl. W. Müller-Freienfels, RabelsZ 1974, S. 533 (551 ff., bes. 556), der in der Institution Savignys ein gesteigertes Institut erblickt. Nach H. Kiefner, Lex Frater a fratre, S. 129 (140 f.) jedoch bestünde ein krasser Gegensatz zwischen Rechtsinstitut und Institution, da letztere in ihrer Grundlage nicht dem Rechtsgebiet angehöre.

285 F. C. v. Savigny, System I, S. 357.

286 F. C. v. Savigny, System I, S. 355 ff.

287 F. C. v. Savigny, System I, S. 357.

288 F. C. v. Savigny, System I, S. 357. W. Wilhelm, Methodenlehre, S. 54 bezeichnet das Vorgehen Savignys als "ein Schulbeispiel abstrakter Dogmatik" und "bereits ganz im Sinne der begriffsjuristischen Wissenschaft", denn er erkläre die manus abstrakt durch zwei Grundbegriffe, ohne auf die historisch soziale Bedingtheit des Rechts Bezug zu nehmen. Unter Beachtung der tatsächlichen, gesellschaftlich anerkannten Allmacht des Familienvaters hätte Savigny in der manus der frühen römischen Gesellschaft ein "natürliches" und damit notwendiges Institut erblicken müssen.

289 F. C. v. Savigny, System I, S. 357.

290 F. C. v. Savigny, System I, S. 366.

291 In Anlehnung an K. F. Eichhorn, deutsches Privatrecht, §§ 324 – 326, versteht Savigny hierunter nicht nur die Vormundschaft über unverheiratete, volljährige Frauen, sondern auch die Vormundschaft des Ehemannes über seine Frau.

fen[292]. Savigny stellt die Regel auf, daß nur bei der Einwirkung auf erworbene Rechte ein solches Rückwirkungsverbot bestehen würde. Die meisten Zustände der Person hätten jedoch "eine so abstrakte Natur"[293], daß ein Gesetz augenblicklich zu unbeschränkter Wirksamkeit gelange.

Die Volljährigkeit und die mit ihr verbundene Selbständigkeit sei ein erworbenes Recht, begründet durch den unter der Herrschaft des alten Gesetzes eingetretenen Zeitpunkt[294]. Wolle man nun den Zeitpunkt für das Erreichen des Volljährigkeitsalters durch ein neues Gesetz heraufsetzen und damit bereits volljährig Gewordene "wieder minderjährig machen und unter Vormundschaft stellen, so läge darin eine ... (nicht zu billigende) ... Rückwirkung."[295]

Die Einführung der Geschlechtsvormundschaft durch Gesetz jedoch müsse "augenblicklich alle jetzt lebenden Frauen"[296] unterwerfen. Hierbei "also würde es ganz unbegründet seyn, wenn man etwa den jetztlebenden Frauen ein erworbenes Recht auf die bisher ausgedehntere Handlungsfähigkeit zuschreiben, und die Wirksamkeit des beschränkenden Gesetzes auf die künftige weibliche Generation einschränken wollte."[297]

Vor dem Hintergrund der seinerzeit bestehenden Rechtslage spiegeln diese Äußerungen nicht nur seine restaurativen Bestrebungen in bezug auf eine patriarchale Familienverfassung wider, sondern erscheinen zudem in der Ablehnung eines erworbenen Rechts der Handlungsfähigkeit als sehr bedenklich. Ein kurzer erläuternder Überblick soll dies verdeutlichen.

Das gemeine Recht beinhaltete weder eine Geschlechtsvormundschaft über ledige Frauen[298] noch eine eheliche Vormundschaft[299], so daß eine Beschränkung der Handlungsfähigkeit nicht angenommen wurde[300].

---

292 Nach F. C. v. Savigny, System VIII, S. 495, gehört auch die eheliche Vormundschaft, als wichtigster Fall der persönlichen Gewalt des Mannes über die Frau, nicht zum Eherecht, sondern zum Zustand der Person an sich.

293 F. C. v. Savigny, System VIII, S. 414.

294 F. C. v. Savigny, System VIII, S. 415.

295 F. C. v. Savigny, System VIII, S. 415.

296 F. C. v. Savigny, System VIII, S. 417.

297 F. C. v. Savigny, System VIII, S. 418.

298 W. Th. Kraut, Vormundschaft II, S. 322.

299 O. Stobbe, Privatrecht IV, S. 181.

300 G. Beseler, Privatrecht, S. 575; H. Dernburg, Preußisches Privatrecht, III, S. 68. Dennoch sollte "die Ehefrau hierdurch nicht willkürlich die ihrem Manne durch das eheliche Güterrecht an ihrem Vermögen erworbenen Befugnisse schmälern" können (H. Dernburg, Preußisches Privatrecht III, S. 68). Das Verfügungsrecht der Ehefrau wurde in Ansehung des der ehelichen Nutznießung und Verwaltung unterliegenden Vermögens "zum Schutze der Rechte des Ehemannes" beschränkt (Motive IV, S. 220). Das betreffende Rechtsgeschäft war gültig, konnte aber, soweit die Rechte des

Auch in nahezu sämtlichen deutschen Rechtsgebieten war die Geschlechtsvormundschaft aufgehoben[301].

Als Ursachen, die dieser Entwicklung zugrunde lagen, werden die Unsicherheit des Rechtsverkehrs[302] sowie unnötige Schwierigkeiten und Kosten genannt[303]. Daneben sei dieses Institut ohnehin zu "einer leeren Formalität herabgesunken ..., da die Frau sich ihren Geschlechtsvormund in der Regel selbst zu wählen hat". Hierbei konnte sie sich "den gefälligsten und nachgiebigsten Mann nehmen, und war er nicht biegsam, ihn in jedem Augenblick mit einem anderen vertauschen"[304]. Dieser Argumentation wohnt der wahre Grund für den Wegfall der Geschlechtsvormundschaft inne, nämlich die Erkenntnis, daß Frauen fähig sind, ihre rechtsgeschäftlichen Angelegenheiten selbständig wahrzunehmen. Die genannten Gründe sind lediglich eine Folge dieser Erkenntnis.

Nur in Ansehung der Ehefrau boten die Partikularrechte ein anderes Bild. Hier überwog der Grundsatz, daß die Ehefrau wirksame Rechtsgeschäfte, durch die sie nicht lediglich rechtliche Vorteile erlangt, ohne Einwilligung des Ehemannes nicht abschließen könne[305].

Bis zur Vereinheitlichung der Privatrechtsverhältnisse im Bürgerlichen Gesetzbuch änderte sich hieran nichts, obwohl die Möglichkeit bestand. So hatte für das Geltungsgebiet des Allgemeinen Landrechts das Reichsgericht im Jahre 1886 zu befinden, ob die eheliche Vormundschaft durch die Vormundschaftsordnung vom 5. Juli 1875 beseitigt sei[306]. Dabei verwehrte es sich nicht der Erkenntnis,

---

Mannes tangiert wurden, nicht geltend gemacht werden (Motive IV, S. 220; O. Stobbe, Privatrecht IV, S. 181 f.).

301 G. Beseler, Gemeines Privatrecht, S. 622f.; H. Dernburg, Preußisches Privatrecht I, S. 96; R. Hübner, Grundzüge, S. 79; W. Th. Kraut, Vormundschaft II, S. 321.

302 Nach C. Bulling, Frau, S. 62 f., hob man sie nicht auf, weil die Frauen ihre rechtsgeschäftlichen Fähigkeiten nachgewiesen hatten. "Wie konnten sie das, da sie unter Vormundschaft standen? Man hob sie vielmehr auf, ... weil sie auf die Sicherheit des Verkehrs nachtheilig wirkte ... und ich darf wohl hinzusetzen: weil Niemand seines Vortheils wegen dabei interessiert war, daß sie aufrechterhalten werde. Sie hatte also ein paar Jahrhunderte für Nichts bestanden."

303 W. Th. Kraut, Vormundschaft II, S. 319 ff.

304 W. Th. Kraut, Vormundschaft II, S. 320. Hiermit widerspricht er jedoch seiner eigenen Begründung zur Beibehaltung der Geschlechtsvormundschaft nach der bei unverheirateten Frauen "theils wegen der ihnen eigenthümlichen Nachgiebigkeit und Weichheit des Characters es oft als wünschenswerth erscheinen muß, daß sie wichtige Geschäfte nicht ohne Zuziehung eines erfahrenen und Zutrauen verdienenden männlichen Rathgebers abschließen" (S. 320).

305 Motive IV, S. 220 f.; O. Stobbe, Privatrecht IV, S. 183 m.N.

306 RGZ 16 148 ff. Streitentscheidend war die Auslegung des § 102 VO: "Die Vorschriften über das Vormundschaftswesen, welche in diesem Gesetz nicht ausdrücklich aufrechterhalten sind, werden aufgehoben."

"daß auch da, wo die Geschlechtsvormundschaft gesetzlich beseitigt war, die eheliche Vormundschaft aufrechterhalten wurde, obgleich es doch offenbar widersinnig sein würde, wollte man annehmen, daß eine verheiratete Frau eines Schutzes bedürfe, welcher für eine unverheiratet Person weiblichen Geschlechts unter sonst gleichen Verhältnissen für entbehrlich erachtet wird."[307] Somit in Begründungsschwierigkeiten geraten, suchte man die eheliche Vormundschaft anhand überkommener Rechtssätze zu legitimieren, indem es beim Reichsgericht weiter heißt: "Die eheliche Vormundschaft charakterisiert sich auch heute noch als ein Ausfluß der ehemännlichen Gewalt, als das Recht des Ehemannes an der Person und dem Vermögen der Frau."[308] Mit der neueren Reichsgesetzgebung war eine solche Entscheidung eigentlich nicht mehr haltbar und schon gar nicht konsequent durchzuführen. Die schon im älteren Recht anerkannte, durch das allgemeine deutsche Handelsgesetzbuch von 1861 neu normierte unbeschränkte Handlungsfähigkeit der Handelsfrauen[309] war durch die Gewerbeordnung vom 21. Juni 1869 auf alle Frauen, die ein Gewerbe betrieben, ausgedehnt[310]. Allen Boden hätte aber der Entscheidung des Reichsgerichts die Bestimmung der Zivilprozeßordnung vom 30. Januar 1877 entziehen müssen, nach der Ehefrauen die unbeschränkte Prozeßfähigkeit zugestanden wurde[311].

Den Frauen, die nicht unter Vormundschaft standen, kam die erörterte Handlungsfähigkeit mit Aufhebung der väterlichen Gewalt zu. Anerkannt, wenngleich mit zahlreichen Modifikationen, waren für volljährige Töchter die Beendigungsgründe ausdrückliche Emanzipation[312] und Verheiratung[313]. Über den Beendigungsgrund des "Anlegens eines gesonderten Haushalts" waren die Meinungen geteilt[314].

Die Schwierigkeiten, im Einzelfall festzustellen, ob eine Entlassung aus der väterlichen Vormundschaft stattgefunden hat und die damit verbundene Unsi-

---

307 RGZ 16 148 (149).

308 RGZ 16 148 (149).

309 Art. 6 Abs. 2, Art. 8 ADHGB; es verblieb jedoch bei dem Grundsatz, daß eine Ehefrau ohne Einwilligung ihres Ehemannes nicht Handelsfrau sein könne (§ 7 Abs. 1 ADHGB).

310 § 11 Gewerbe-Ordnung

311 § 51 Abs. 2 Civilprozeßordnung: "Die Prozeßfähigkeit einer großjährigen Person wird dadurch, daß sie unter väterlicher Gewalt steht, die Prozeßfähigkeit einer Frau dadurch, daß sie Ehefrau ist, nicht beschränkt."

312 O. Stobbe, Privatrecht IV, S. 472 m.N.

313 W. Th. Kraut, Vormundschaft II, S. 660 f. m.N. zu den partikularrechtlichen Modifikationen.

314 Während die neuere Gesetzgebung einen solchen Beendigungsgrund oft nicht anerkannte fanden sich in der Lehre jedoch zahlreiche Befürworter. So z.B. J. K. Bluntschli, Privatrecht, S. 663; W.Th. Kraut, Vormundschaft II, S. 658 f.

cherheit des Rechtsverkehrs, verhalfen einem alten Rechtssatz zu Fürsprechern und zur gesetzlichen Anerkennung. Danach sollte ausschließlich die Volljährigkeit die väterliche Vormundschaft rechtlich beenden[315]. So setzte man endlich eine dem Wesen der väterlichen Gewalt entsprechende Grenze. Wo die Geschlechtsvormundschaft nicht mehr bestand, konnte auch von einer Unselbständigket der Frauen nicht mehr die Rede sein. Eine Fortdauer der Abhängigkeit vom Vater, besonders auch in Beziehung auf das Vermögen, wie sie durch die väterliche Vormundschaft begründet wurde, war nicht zu rechtfertigen. Jede über die Volljährigkeit hinausgehende Nutzung des Kindesvermögens entsprach nicht der Schutzfunktion, sondern diente ausschließlich dem Inhaber der väterlichen Gewalt.

Zurück zur eingangs gestellten Frage: Unter Berücksichtigung der mit Aufhebung der väterlichen Gewalt eintretenden gesteigerten Handlungsfähigkeit hätte Savigny bei dem angeführten Beispiel der Wiedereinführung der Geschlechtsvormundschaft eine Rückwirkung ausschließen müssen. Die Handlungsfähigkeit einer aus väterlicher Gewalt entlassenen Frau, unabhängig von der Modalität, stellt ebenso wie die gesteigerte Selbständigkeit noch unter väterlicher Vormundschaft stehender Volljähriger ein erworbenes Recht dar.

Die Verschmelzung von Volljährigkeit und Entlassung im österreichischen Allgemeinen Bürgerlichen Gesetzbuch von 1811 beweist letztlich die Richtigkeit dieser Annahme. Zu dieser Erkenntnis hätte auch Savigny kommen müssen, wenn er zumindest den Versuch gemacht hätte, die lapidar ausgesprochene Unbegründetheit eines erworbenen Rechts zu rechtfertigen.

IV. Ergebnis

Das Ehe- und Familienrecht Savignys beinhaltet bezüglich der Frau die Aufhebung der emanzipatorischen Ansätze des Naturrechts und der Aufklärung: Die Einführung der Institution sollte nicht nur die nähere Ausgestaltung der Ehe den Beteiligten, sondern auch dem Staat entziehen. Die damit verbundene Versagung des Individualschutzes traf vornehmlich die Frau.

Die Sittlichkeit der Ehe und die familienganzheitliche Auffassung begründen die nur spärlichen Auskünfte über die persönlichen Verhältnisse der Gatten. Eine ehemännliche Vorrangstellung bedurfte damit keiner weiteren Legitimierung. Sie wurde nicht als Wirkung der ehelichen Vormundschaft begriffen, sondern lag unabänderlich in der Natur begründet. Ehe und Familie wurden zu einem unantast-

---

315 J. K. Bluntschli, Privatrecht, S. 663; §§ 152, 172 ABGB; vgl. dazu J. Unger, österreichisches Privatrecht I, S. 284 ff.

baren Privatbereich unter der Autokratie des Mannes. Rechtspolitisch lief ein derartiges Familienverständnis hauptsächlich auf Abwehr der Forderung nach familienrechtlicher Emanzipation der Frau hinaus.

H. Die Kritik Bernhard Windscheids

Savignys Familienrechtskonzeption fand in der Rechtsliteratur des 19. Jahrhunderts beifällige Aufnahme[316]. Da jedoch die aus den Familienverhältnissen hervorgehenden natürlich-sittlichen Ansprüche keine für das Recht faßbaren Bezüge boten, schrumpfte die Behandlung des persönlichen Familienrechts vielfach auf wenige Seiten zusammen, während die Behandlung der familiären Vermögensverhältnisse in den Vordergrund trat[317]. Die Pandektistik übernahm seine dogmatischen Anschauungen entweder insgesamt[318] oder aber die Ausgangsthese von der primär sittlichen Natur der Familienordnung[319].

Windscheid folgt auch der Formel von dem primär natürlichen und sittlichen Wesen der Familienverhältnisse[320] wendet sich dann jedoch direkt gegen Savigny[321]. Durch Überbetonung der sittlichen Seite habe dieser das Verhältnis von Recht und Sittlichkeit nicht richtig gesehen. Um "den sittlichen Geboten, welche an die Familienmitglieder ergehen ... auch äußere Anerkennung zu verschaffen", müsse "demjenigen, gegen den die Pflicht erfüllt werden soll, ein Recht auf Erfüllung der Pflicht"[322] beigelegt werden.

Dieser prinzipiellen Anerkennung von Rechtsbeziehungen der Familienmitglieder untereinander folgt eine einschränkend wirkende Abgrenzung zu anderen Rechtsverhältnissen. "Während bei allen übrigen Rechten die Pflicht nur die andere Seite des Rechts ist"[323], bleibe in den Familienverhältnissen die Pflicht das Prinzipale. Das Recht sei hier nur um der Pflicht willen vorhanden. Daß dieser Unterscheidung jedoch keine praktische Bedeutung zukommt, offenbart er selbst in einem Beispiel: "Das Recht des Mannes gegen die Frau auf Rückkehr in die verlassene eheliche Wohnung ... ist ein anderes Recht als das Recht des Gläubi-

---

316 Nach H. Dernburg, Pandekten II, S. 854 Fn.2, wurde sie "unendlich oft wiederholt".

317 So widmete Georg Friedrich Puchta, ein Schüler Savignys, in seinem Pandektenlehrbuch "der Ehe überhaupt" und dem "ehelichen Recht" nur zwei Paragraphen. (bzw. zwei Seiten) §§ 411, 412 (S. 596-598) um dann das Ehegüterrecht in sechzehn Paragraphen abzuhandeln 414-429).

318 So z.B. C. Sintenis, Civilrecht III, S. 2 f.

319 So z.B. F. Regelsberger, Pandekten I, S. 202f.

320 B. Windscheid, Pandektenrecht I, S. 171.

321 B. Windscheid, Pandektenrecht I, S. 172 Fn.2.

322 B. Windscheid, Pandektenrecht I, S. 171 f.

323 B. Windscheid, Pandektenrecht I, S. 172.

gers gegen seinen Schuldner, aber immerhin ein Recht."[324] Damit wurde für ihn das Recht zum Vollstrecker der Sitte.

Die Sitte hingegen blieb bestimmend für die Stellung der Ehefrau. Statt jedoch den Anforderungen der modernen sozialen Entwicklung zu folgen, gestaltete Windscheid diese "Leerformel" mit dem Ertrag einer beendeten Rechtsepoche aus. Zwar führte er zunächst noch an, daß die Verschiedenheit des Geschlechts keine Verschiedenheit der privatrechtlichen Beurteilung begründe[325]. Doch im persönlichen Verhältnis der Ehegatten sei "die übergeordnete Stellung des Mannes noch anerkannt."[326] Dazu gehört, "daß der Mann Rang und Stand und das Domizil der Frau bestimmt."[327] Noch deutlicher wird er mit der Feststellung, daß "die Frau ... dem Manne Gehorsam schuldig"[328] ist.

Windscheid läßt so unter dem Deckmantel der natürlichen und sittlichen Ordnung Züge des mittelalterlichen Patriarchalismus wiederaufleben, um sie dann zu Rechtsansprüchen emporzuheben. Daß er "richterliche Hilfe ... dem Manne in diesem Ende nicht gewährt"[329] fußt nicht in einer gewissen Sensibilität für Frauenrechtsprobleme. Die patriarchale Entscheidung soll sich vielmehr selbst tragen. Das Verhalten einer gerichtlichen Prüfung und damit rationalen Maßstäben zu unterwerfen birgt die Gefahr in sich, zum Ergebnis eines Mißbrauchs der Gehorsamspflicht zu gelangen. Auch wäre ein den Mann unterstützender gerichtlicher Zwang ein Eingeständnis, die Stellung als "Haupt der Familie" nicht allein und ohne fremde Hilfe wahrnehmen zu können.

Der Grund ist m.E. also nicht, daß die Pflicht zunächst wesentlich sittlicher Natur ist und damit rechtlich nicht erzwingbar, sondern wiederum der, das familiäre Internum möglichst frei von Rechtskonflikten zu gestalten[330]. Damit verbunden wird auch der Frau die Möglichkeit verwehrt, Gehorsamsforderungen von Seiten ihres Mannes richterlich zu überprüfen.

Lediglich wo diese Konflikte auch einen Scheidungsgrund darstellen könnten, wie bei der Verweigerung des ehelichen Zusammenlebens, gestattet Windscheid einen gerichtlich verfolgbaren Anspruch, und zwar für beide Ehepartner[331].

Doch selbst aus beiderseitigen sittlichen Pflichten lassen sich einseitg benachteiligende Rechtssätze für die Frau formulieren. So beruht nach Windscheid "auf der Anerkennung der Pflicht der Ehegatten zur Liebe gegeneinander" der

---

324 B. Windscheid, Pandektenrecht I, S. 172 Fn. 2.
325 B. Windscheid, Pandektenrecht I, S. 240.
326 B. Windscheid, Pandektenrecht III, S. 4.
327 B. Windscheid, Pandektenrecht III, S. 4.
328 B. Windscheid, Pandektenrecht III, S. 4.
329 B. Windscheid, Pandektenrecht III, S. 4.
330 Vgl. hierzu schon die Ausführungen zu F. C. v. Savigny: G. III.
331 B. Windscheid, Pandektenrecht III, S. 3.

Rechtssatz, "daß die Frau von dem Manne keine Sicherheit für ihre Dos fordern darf"[332]. Unter Berücksichtigung, daß nach gemeinem Recht die Frau auch bei schuldloser Scheidung niemals einen Unterhaltsanspruch gegenüber dem Mann hatte, sondern lediglich ihr Heiratsgut zurückfordern konnte, stellte dies eine besondere Härte dar[333].

In einer sich wandelnden Zeit neuen sozialen Lebens spiegelt die Sitte bei Windscheid einen längst vergangenen Zustand wider. Mit dem Übergang rein sittlicher Ehepflichten in Rechtspflichten unter Beibehaltung des grundsätzlich sittlichen Charakters der Familienrechtsverfassung erreicht er zwar eine gewisse rechtliche Kantrolle. Die Möglichkeit jedoch, so nun die Sicherung der Entfaltung individueller und sittlicher Freiheit zu gewährleisten, mit der er der zeitgebotenen Stellung der Frau innerhalb der Familie hätte gerecht werden können, ergreift er nicht. Als geradezu beispielhaft für seine überholte Auffassung erscheint die Aussage, daß ein Züchtigungsrecht des Mannes gemeinrechtlich nicht zu begründen sei[334], während Puchta bereits konstatiert: "Einen Zwang der Frau zu häuslichen Diensten hat man vergeblich aus (dem Römischen Recht) ableiten wollen."[335]

---

332 B. Windscheid, Pandektenrecht III, S. 4.

333 Zwar wurde zugunsten der unschuldig geschiedenen Frau dem Mann in Form einer Scheidungsstrafe ein einmaliger Vermögensverlust auferlegt, das soziale Problem der Versorgung blieb dabei jedoch unberührt. Das Reichsgericht (RGZ 8, 184 [188]) stellte sich für das Gebiet des gemeinen Rechts auf den Standpunkt, die Unterhaltspflicht des Mannes sei lediglich eine Folge der Ehe und müsse daher mit deren Auflösung wie alle übrigen ehelichen Rechte und Pflichten erlöschen, unabhängig davon, welche Gründe zur Scheidung geführt hätten und wen die Schuld daran träfe. Auch aus dem "Gesichtspunkt der Entschädigungspflicht des Ehemannes, als desjenigen, durch dessen Schuld die Scheidung herbeigeführt worden ist", ließe sich eine Alimentationspflicht nicht rechtfertigen, denn "unmittelbar wird die Scheidung nicht durch den Mann, sondern durch die Frau, welche sie beantragt hat, aber nicht zu beantragen brauchte, herbeigeführt." Vgl. auch: RGZ 12, 192 (193); RGZ 26, 193 (194).

334 B. Windscheid, Pandektenrecht III, S. 4, Fn. 11.

335 G. F. Puchta, Pandekten, S. 598, Fn. e.

J. Emanzipation der Frau im Familienrecht des Bürgerlichen Gesetzbuches von 1900

Seit der Mitte des 19. Jahrhunderts kündete sich ein Umschwung in dem Verhältnis zwischen Mann und Frau an. Der Übergang zur Industriegesellschaft verlegte nicht nur die erforderlichen Arbeitskräfte aus der ländlichen Umgebung in die Städte, sondern zog auch die Frau als Arbeitnehmerin in außerhalb der Familie gelegene Produktionsstätten. Die von ihr erworbenen Einkünfte traten neben das bisher ausschließlich vom Mann erwirtschaftete und beherrschte Familieneinkommen. Fortan bestand die Außenwelt nicht mehr als reine Tätigkeitsdomäne des Mannes. Der Verfall der ökonomisch legitimierten männlichen Autorität begann. In der gesellschaftlichen Oberschicht wurde der Ruf nach mehr Gleichberechtigung und besserer beruflicher Bildung laut. Das Rollenverständnis der Frau und damit auch das Bild von der Ehe geriet durch die gesellschaftlichen Veränderungen in Bewegung.

Die Auseinandersetzungen bezüglich des Familienrechts bei der Abfassung des Bürgerlichen Gesetzbuches zeigen deutlich, daß die Richtung der Entwicklung schon damals zu erkennen war[336]. Dennoch bewahrte das Bürgerliche Gesetzbuch die rechtliche Absicherung der ehemännlichen Autorität[337]. Seine Verfasser lehnten es ab, den Forderungen der Frauenbewegung zu folgen, um den sittlichen Charakter der Ehe zu erhalten und um einer "bedenklichen Lockerung der Familienbande" entgegenzuwirken[338]. Selbst wo sich neben der zählebigen Tradition unter der Patenschaft der Pandektistk Zeichen geistiger Neuorientierung finden, brachten diese faktisch nur in Nuancen Veränderungen zur vorherigen Rechtslage. Allerdings hatten auch nationale Vereinheitlichungsbestrebungen

---

336 Enneccerus-Wolff, Familienrecht, 1./2. Aufl., S. 1: "Das Familienrecht des BG ist in heißem Kampfe geworden." Vgl. dazu insbesondere die Äußerungen der linksliberalen Abgeordneten Traeger und Rickert (B. Mugdan, Materialien IV, S. 1304ff. u. 1308, sowie die Ausführungen des Abgeordneten Bebel im Reichstag (B. Mugdan, Materialien IV, S. 1308 ff.).

337 J. Gernhuber, Neues Familienrecht, S. 7, spricht von der "Sicherheit, mit welcher das Bürgertum seine Grundsätze (Patriarchat, Hausfrauenehe, Verschuldensgrundsatz bei der Ehescheidung) in das BGB trug."

338 B. Mugdan, Materialien IV, S. 1213. Ebenso G. Planck, Die rechtliche Stellung der Frau, S. 3.

als Begleiterscheinung ihre gesellschaftspolitische Relevanz in Form einer Besserstellung der Ehefrau[339].

I. Geschäftsfähigkeit der Ehefrau

Das Streben, die Herrschaft des Mannes zu erhalten, daneben aber dennoch die Rechtsperson der Frau zur Geltung kommen zu lassen, verdeutlicht sich in der Gewähr voller Geschäftsfähigkeit für die Ehefrau, die nach den meisten Partikularrechten nicht bestand. Die Verfasser des Entwurfes entschlossen sich nach langem Abwägen, von allgemeinen Beschränkungen abzusehen. Man liest: "allein der Zug der modernen Zeit geht unverkennbar dahin, die Ehefrau auf dem Gebiet des Privatrechts selbständiger zu stellen"[340]. In erster Linie bezieht sich dieser Satz auf die Veränderungen, die die ersten Reichsgesetze gebracht hatten[341]. Doch reagierte das Gesetz damit auch auf den durch zunehmende Integration in die Berufswelt ausgelösten Emanzipationsprozeß[342].

Die nachfolgenden Ausführungen werden zeigen, daß die unbeschränkte Geschäftsfähigkeit für die Ehefrau jedoch nur eine eingeschränkte Rechtsbesserung darstellte, da die Rechte des Mannes an ihrer Person und, soweit es die ökonomischen Veränderungen zuließen, auch an ihrem Vermögen unberührt blieben[343].

---

339 Von welcher Konzeption die Verfasser des BGB ausgegangen sind und welche Ziele sie verfolgt haben, läßt sich am eindeutigsten aus den Motiven ersehen. Die dort zum Ausdruck gebrachten Gedanken sind für die Interpretation der vorliegenden Untersuchung von großer Bedeutung, so daß eine ausführliche Wiedergabe der entscheidenden Stellen im folgenden geboten erscheint.

340 Motive IV, S. 224.

341 G. Planck, AcP 75 (25), S. 327 (351f.). Vgl. dazu auch o. unter G.III.2.

342 H. Dörner, Industrialisierung, S. 99.

343 Da das BGB die elterliche Gewalt auf das minderjährige, d.h. noch nicht 21 Jahre alte Kind begrenzte (§§ 2, 1626 BGB i.d.F. von 1900), war die volljährige ledige Frau den nachfolgend zu erörternden Beschränkungen nicht unterworfen. Gegenüber der Mehrzahl der bestehenden Rechte folgte man dem Vorschlag des 12. Deutschen Juristentages. Dieser hatte – "ohne auf die Frage der Frauenemancipation näher eintreten zu wollen" (L. Pfaff, Gutachten zum 12. DJT, Bd. 1, S. 158 [170]) – sich für die altersabhängige, aber geschlechtsunabhängige automatische Emanzipation einstimmig ausgesprochen (Sten. Ber. des 12. DJT, Bd. 3, S. 87). In erster Linie war es der bestimmende Einfluß der Ökonomie, der dazu geführt hatte, das Ende der väterlichen Bevormundung einheitlich und leicht nachvollziehbar zu gestalten. Mit der für ganz Deutschland einheitlichen Aufhebungsanforderung waren sämtliche Einrichtungen, nach denen die väterliche Gewalt über eine unverheiratete Tochter auch nach Erreichen des Volljährigkeitsalters fortdauerten, völlig beseitigt (Motive IV, S. 726 f.).

II. Personenbezogene Rechtswirkungen der Ehe

Die Regelungen, die das Bürgerliche Gesetzbuch für das Verhältnis der Geschlechter zueinander brachte, hat man unter das Schlagwort der "konstitutionellen Monarchie des Mannes" gebracht[344]. Die gesetzlichen Einschränkungen, denen der Ehemann unterlag, wichen zwar nicht im wesentlichen von denen des Allgemeinen Landrechts ab, doch wuchs die Rechtskritik im Interesse der Frauen.

1. Entscheidungsrecht des Ehemannes

Das Bürgerliche Gesetzbuch enthielt nicht mehr den Ausdruck vom Ehemann als "Haupt der ehelichen Gesellschaft"[345], doch gewährte es ihm die Entscheidungsbefugnis in allen das gemeinschaftliche eheliche Leben betreffenden Angelegenheiten[346]. Hierfür glaubte man nicht einmal eine eingehende Begründung schuldig zu sein, denn es entspreche "der natürlichen Ordnung des Verhältnisses"[347].

Wie sehr sich jedoch die Verhältnisse gewandelt hatten und der Gedanke der Emanzipation durchaus nicht nur von der Frauenbewegung getragen wurde, zeigen insbesondere die Äußerungen von Traeger und Rickert bei den Beratungen im Reichstag. Traeger weist nicht nur auf die Gefahr der Normierung einer männlichen Übermacht ohne zwingenden und inneren Grund hin, da so der "Uebermuth auf der einen, die Hinterlist und alle übrigen schlechten Eigenschaften auf der anderen Seite"[348] erweckt würden. Er zeigt auch die Geschichtlichkeit der "natürlichen Ordnung" auf, indem er feststellt: "Die Frau ist eine ganz andere geworden als ehemals. ... Inzwischen hat die Frau sich fast alle Gebiete erobert. Sprechen wir nicht von den schönen Künsten; sprechen wir von den Wissenschaften, sprechen wir von den technischen Berufen, kurz und gut, überall hat sich die Frau gleichstrebend und gleichwerthig mit dem Manne erwiesen. Und wieviele Ehen haben Sie nicht in allen Ständen, wo die Frau die eigentliche Last der Ehe bestreitet, nicht bloß mit ihrem Vermögen, auch mit ihrem Erwerb, mit ihrer Thätigkeit! Und wie wollen Sie denn eine derartige Frau unter diese unbedingte Botmäßigkeit des Mannes stellen! Ich will garnicht auf einen speziellen

---

344 G. Boehmer, MDR 1950, S. 386 (386).

345 II 1 § 184 ALR.

346 § 1354 Abs.1 BGB i.d. F. von 1900: "Dem Manne steht die Entscheidung in allen das gemeinschaftliche eheliche Leben betreffenden Angelegenheiten zu; er bestimmt insbesondere Wohnort und Wohnung."

347 Motive IV, S. 105.

348 B. Mugdan, Materialien IV, S. 1307.

Fall hinweisen; aber denken Sie doch: es heirathet ein schlichter Mann, ein doctor juris – wie wollen Sie von diesem doctor juris verlangen, daß er unter allen Umständen mit Hintansetzung seiner Lebenserfahrung, seiner Rechtskenntniß den Entschlüssen und Ansprüchen dieses schlichten Mannes sich fügt? Das scheint mir doch ein sich selbst vernichtender Widerspruch zu sein!"[349] Rickert protestierte ebenfalls gegen die in Frage stehende Regelung, da sie die nicht zutreffende Voraussetzung beinhalte, "daß der Mann immer der vernünftigere ist, daß er die Sittlichkeit und die Vernunft repräsentiert und niemals die Frau."[350] Lediglich Planck als Vertreter des Entwurfs trat ihnen entgegen und meinte, "daß in solchen, ..., gleichgültigen Fragen des gemeinschaftlichen Lebens die Stimme des Mannes zunächst die entscheidende ist, ist ein Gedanke, der der natürlichen Auffassung, der der deutschen Aulfassung und ... auch der christlichen Auffassung entspricht."[351]

Ganz unbeeindruckt kann er jedoch nicht von der Argumentation seiner Vorredner geblieben sein. Ein Jahr vor Inkrafttreten des BGB hielt er einen Vortrag vor dem Göttinger Frauenverein über "die rechtliche Stellung der Frau nach dem bürgerlichen Gesetzbuche". Hier stellt er im Anschluß der Erörterung des Direktionsrechts des Mannes fest: "Thatsächlich wird freilich häufig das Umgekehrte der Fall sein."[352]

Voraussetzung für das Entscheidungsrecht des Mannes war nach dem Wortlaut des Gesetzes, daß eine das "gemeinschaftliche eheliche" Leben betreffende Angelegenheit in Frage steht. Rein persönliche Angelegenheiten der Frau unterlagen daher nicht dem männlichen Direktionsrecht, auch nicht, wenn sie mittelbar auf das gemeinsame Leben Einfluß nehmen konnten. Ebenso fielen gemeinschaftliche, nicht aber das eheliche Leben betreffende Angelegenheiten nicht unter das Direktionsrecht[353].

---

349 B. Mugdan, Materialien IV, S. 1306 f.

350 B. Mugdan, Materialien IV, S. 1308.

351 B. Mugdan, Materialien IV, S. 1313.

352 G. Planck, Die rechtliche Stellung der Frau, S. 11. Traeger hatte schon bei den Beratungen im Reichstag (B. Mugdan, Materialien IV, S. 1305) gemutmaßt, daß eine statistische Erhebung über die Art der Entscheidungsfindung in bestehenden Ehen für das Geltungsbebiet des ALR ein wesentliches Moment für die Streichung des § 1354 BGB bilden würde.

353 So die damals h.M.; vgl. Staudinger-Engelmann, 3./4. Aufl., § 1354 Bem. 1; H. Dernburg, Familienrecht, 4. Aufl., § 32 III. A. A. K. Cosack, bürgerliches Recht, S. 458, der in lediglich die Frau betreffenden Angelegenheiten "mittelbar den allergrößten Einfluß auch auf die Lebensgemeinschaft beider Gatten" erblickt. Daher sei der Mann "wohlbefugt, ... ihren Umgang mit Verwandten und Freundinnen, ihren Briefwechsel, ihre Lektüre, ihren Kirchenbesuch, ihre Toilette ... zu kontrollieren."

Auch wird innerhalb des Entscheidungsrechts des Ehemannes das Interesse der Frau zu einem bedingt relevanten Fakor. Das Gesetz sucht ihre Selbstbestimmung in die Formel zu prägen, daß sie der Entscheidung des Mannes nicht Folge zu leisten braucht, wenn sich diese als Mißbrauch seines Rechtes darstellt[354].

Von besonderer Bedeutung ist hierbei nun, daß die Vorschrift des § 1354 BGB i.d.F. von 1900 nach allgemeiner Ansicht einen zwingenden Rechtssatz enthielt, der durch rechtsgeschäftliche Vereinbarungen weder ausgeschlossen noch beschränkt werden konnte[355]. Dennoch erkannte man einen Entscheidungsmißbrauch für den Fall an, daß der Mann eine mit der Frau getroffene Vereinbarung, soweit er sich damit nicht völlig Entscheidungsrechts begeben hatte, nachträglich ohne triftigen Grund zurücknahm[356]. Der unzulänglich begründete Widerruf stellte zwar keinen Vertragsbruch dar, wurde aber als Verstoß gegen die eheliche Treuepflicht gewertet[357]. Die Ehefrau konnte nicht auf Erfüllung oder Schadensersatz wegen Nichterfüllung klagen, doch war sie berechtigt, der Entscheidung des Mannes nicht zu folgen, ohne einer Klage auf Herstellung des ehelichen Lebens oder auf Ehescheidung ausgesetzt zu sein. Im Gegenteil standen ihr selbst diese Rechtsbehelfe zur Seite[358].

Die vom Gesetzgeber vorgenommene Versagung der Privatautonomie im Familienrecht[359], die sich in jedem anderen Teil der Privatrechtsordnung als absolute Ausnahme repräsentiert, wurde so von der Lehre und Rechtsprechung zumindest in engen Grenzen zugunsten der Ehefrau durchbrochen.

---

354 § 1354 Abs. 2 BGB i.d.F. von 1900: "Die Frau ist nicht verpflichtet, der Entscheidung des Mannes Folge zu leisten, wenn sich die Entscheidung als Mißbrauch seines Rechtes darstellt." Mit den § 1354 BGB i.d.F. von 1900 sollte nicht ein Willkürrecht geschaffen werden, daß erst nachträglich einzuengen war, sondern das Entscheidungsrecht des Mannes galt als von Anfang an gesetzlich begrenzt; vgl. F. Endemann, Famillenrecht, S. 297.

355 Motive IV, S. 105 f.; Planck, Kommentar, 1./2. Aufl., Vorbem. Nr. 3 zu §§ 1353ff.; Staudinger-Engelmann, 3./4. Aufl., § 1354 Bem. 5; Opet, Kommentar, § 1354 Bem. 5.

356 Staudinger-Engelmann, 3./4. Aufl., § 1354 Bem. 5; H. Dernburg, Familienrecht, 4. Aufl., § 32 II; Urteil des RG v. 7. Okt. 1901 in: JW 1901, S. 781 (782).

357 G. Boehmer, MDR 1950, S. 386 (387).

358 Wegen der Unvollstreckbarkeit einer Klage auf Herstellung des ehelichen Lebens war der Erfolg hierbei jedoch lediglich pädagogischer Natur; § 888 Abs. 2 ZPO.

359 Lediglich in der Gestaltung der güterrechtlichen Verhältnisse verblieb den Betroffenen in gewissen Umfang ein Dispositionsspielraum.

2. Schlüsselgewalt der Ehefrau

Die Verfasser des Bürgerlichen Gesetzbuches verliehen der Ehefrau als ein "prinzipiell wichtiges Sonderrecht"[360] die sogenannte "Schlüsselgewalt"[361]. § 1357 Abs. 1 BGB i.d.F. von 1900 bestimmte: "Die Frau ist berechtigt, innerhalb ihres häuslichen Wirkungskreises die Geschäfte des Mannes für ihn zu besorgen und ihn zu vertreten. Rechtsgeschäfte, die sie innerhalb dieses Wirkungskreises vornimmt, gelten als im Namen des Mannes vorgenommen, wenn nicht aus den Umständen sich ein anderes ergibt."

Damit betrachtete das Bürgerliche Gesetzbuch die Führung des Haushaltes und die hieraus entspringenden Rechtsgeschäfte als eine Obliegenheit des Mannes. Die Frau hatte jedoch das Recht als gesetzliche Vertreterin des Mannes inne[362]. Die "Schlüsselgewalt" wurde somit als ein selbständiges, vom Willen des Mannes unabhängiges Recht der Frau aufgefaßt[363].

Sie war seinerzeit eingebettet in eine fugenlos gedachte Hausverfassung. So beruhte die nur der Frau zustehende "Schlüsselgewalt" einerseits auf der weitgehend einseitigen Verpflichtung des Mannes, für den Unterhalt der Familie aufzukommen[364]. Die Besorgung des Unterhalts war sein Geschäft[365]. Andererseits sollte der Frau ein Tätigkeitsgebiet gesichert werden, das in der durch § 1356 Abs. 1 BGB i.d.F. von 1900 vorgeschriebenen Arbeitsteilung innerhalb der Ehe begründet lag, nach der sie berechtigt und verpflichtet war, das gemeinschaftliche

360 M. Weber, Ehefrau und Mutter, S. 431.

361 Das BGB gebraucht das Wort Schlüsselgewalt nicht. Es stammt auch nicht aus der Gesetzessprache, sondern erklärt sich aus den Gebräuchen des germanischen Rechts. Hier übergab der Mann bei der Eheschließung der Frau die Schlüssel des Hauses, als Symbol für die Übertragung der Haushaltsführung. Der Besitz der Schlüssel diente als Zeichen für die Machtbefugns der Frau im Hause, die dadurch Zutritt zu allen Räumen und Behältnissen erhielt; vgl ausführlich W. Brincker, Schlüsselgewalt, S. 23 ff.

362 Der deutschrechtliche Gedanke der ehelichen Gemeinschaft war hier der Auffassung gewichen, daß durch die Ehe keine neue Rechtspersönlichkeit geschaffen wird, sondern lediglich eine rechtlich erhebliche Beziehung zwischen Mann und Frau. Diese individualistische Konstruktion des Gesetzes fand heftige Kritik; vgl. O. v. Gierke, Der Entwurf und das deutsche Recht, S. 405 f.

363 H. Dernburg, Familienrecht, 4. Aufl., S. 118. Damit gab man endgültig die lange Zeit herrschende Mandatstheorie auf, wonach die Haushaltsführung auf einem Mandat des Mannes beruhe.

364 § 1360 Abs. 1 BGB i.d.F. von 1900; (zu den seinerzeit ungeklärten Verhältnis zwischen "Unterhaltspflicht" und Pflicht zur Mittragung des "ehelichen Aufwandes" vgl. G. Boehmer MDB 1950, S. 386 (390).

365 H. Lehmann, Deutsches Familienrecht, S. 56.

Hauswesen zu leiten[366]. Man war überzeugt, der Ehefrau als Hausfrau Handlungsmacht für den Ehemann als unentbehrliches Mittel zur Erfüllung ihres "Berufes"[367] gewähren zu müssen[368]. Nach Planck war es "... das einfachste und sicherste Mittel der Ehefrau das ... Recht zu sichern, ... über die zur Bestreitung der Kosten des gemeinschaftlichen Haushaltes bestimmten Mitteln selbständig zu verfügen und die innerhalb ihres häuslichen Wirkungskreises liegenden Rechtsgeschäfte in solcher Art abzuschließen, daß die Ehefrau dadurch nicht persönlich verpflichtet wird, die begründeten Verpflichtungen vielmehr als Lasten der Ehe von den zur Tragung derselben Verpflichteten bestritten werden müssen."[369]

Zweck der "Schlüsselgewalt" war es also, die Lastenverteilung innerhalb der Ehe unmittelbar und problemlos zu verwirklichen[370]. Daneben diente der § 1357 BGB i.d.F. von 1900 der Rechtssicherheit, indem er Dritten das Recht gab, sich aus den von der Frau abgeschlossenen Haushaltsgeschäften an den Mann zu halten. Von einem "Vorrecht" konnte trotz der einseitigen gesetzlichen Vertretungsmacht keine Rede sein. Gerade unter Bezugnahme auf das gesetzliche Güterrecht handelte es sich um eine Bestimmung, die sich nahtlos in das funktionsteilig gedachte System einfügte. Auch war die "Schlüsselgewalt" nicht als ausschließendes Recht gedacht, so daß auch der Mann dieselben Geschäfte tätigen konnte[371].

Zur inhaltlichen Bestimmung der "Schlüsselgewalt" bediente sich das Bürgerliche Gesetzbuch mit dem "häuslichen Wirkungskreis" einer allgemein gehaltenen Formulierung und überließ es damit Wissenschaft und Praxis, diesen im Einzelfall zu konkretisieren. Dabei ging man in den Motiven von einer Erweiterung dieses Rechts gegenüber der älteren Gesetzgebung aus: "Die in den neueren Gesetzen meistens sich findende Bezugnahme auf den Haushalt kann als völlig

---

366 Dieses Recht bestand allerdings nur "unbeschadet der Vorschrift des § 1354 BGB".

367 Motive IV, S. 117.

368 Zu einer Zeit, als mit Festschreibung der Hausfrauenehe die Tätigkeit der Hausfrau erstmals als echter Beruf fingiert wurde, entsprach dieses rechtliche Formenbild jedoch nicht mehr der Wirklichkeit des sozialen Lebens. Die konservativ-bürgerlichen Kräfte verkannten oder ignorierten die Tatsache, daß dieses Prinzip für große Teile der Industriearbeiterschaft aus wirtschaftlichen Gründen eine Unmöglichkeit geworden war. Im Jahre 1895 gab es bereits 6.578.350 erwerbstätige Frauen. Das waren 24,96 % der weiblichen Bevölkerung und 29,75 % aller Erwerbstätigen; F. Zahn, Beruf und Berufsstatistik, S. 793 (832). Eine Erhebung, die zwischen ledigen und verheirateten Frauen unterscheidet, wurde zwar nicht durchgeführt. Jedoch hat man festgestellt, daß ca. 50 % der erwerbstätigen weiblichen Bevölkerung zwischen 14 und 30 Jahren alt war (S. 799).

369 G. Planck, AcP 75 (25), S. 327 (353).

370 J. Gernhuber, Neues Familienrecht, S. 131.

371 M. Weber, Ehefrau und Mutter, S. 432.

zutreffend nicht erachtet werden. Die Ehefrau muß nach dem leitenden Gesichtspunkte, auf dem das Recht der Schlüsselgewalt beruht, nicht nur solche Rechtsgeschäfte, die sich auf den Haushalt beziehen, sondern auch andere zur Bestreitung der ehelichen Lasten dienende Rechtsgeschäfte, z.B. solche, die die Anschaffung der nothwendigen Kleidung für sich und die Kinder und die Erziehung der letzteren betreffen, zu schließen befugt sein."[372]

Im übrigen bestimmte der äußere Zuschnitt des Hauswesens den Handlungsspielraum einer Ehefrau innerhalb der Schlüsselgewalt, unabhängig von der Lebenshaltung, wie sie mit Rücksicht auf das Einkommen des Mannes hätte beschaffen sein müssen[373].

In der Beurteilung des Umfanges gingen die Meinungen auseinander. Für Planck handelte es sich "um einen für die Frauen günstigen und praktisch wichtigen Satz, der in diesem Umfange noch in keinem der bisherigen deutschen Rechte stand"[374]. Kritik übte hingegen Weber. Ihrer Ansicht nach war die Schlüsselgewalt gegenüber der früheren Rechtslage lediglich "um eine Nuance"[375] bereichert.

Mit der ausschließlichen Verpflichtung des Mannes entsprach die Regelung jedenfalls der wirtschaftlichen Situation vieler Frauen und fiel somit in diesem Punkt voll mit ihrem Interesse zusammen. Um einen konstruktiven Interessenausgleich bemüht, sah sich Weber zu folgender Überlegung veranlaßt: "Wenn .... wie wir wünschen, als Folge der Prinzipien des ethischen Individualismus die Gütertrennung zum gesetzlichen Güterrecht erhoben würde, so wäre ... die Haftung der Frau Dritten gegenüber für die von ihr selbst, aufgrund ihrer Schlüsselgewalt, für den gemeinsamen Haushalt gemachten Schulden ein unausweichliches Erfordernis.[376] Zudem sei dann auch dem Mann eine der weiblichen gleichartige Schlüsselgewalt einzuräumen[377].

Der Gesetzgeber hatte jedoch das gegensätzliche Interesse des Mannes, für den Fall eines Rechtsmißbrauchs der Frau wirksam geschützt zu sein, in § 1357 Abs. 2 BGB i.d.F. von 1900 wie folgt ausgestattet: "Der Mann kann das Recht der Frau beschränken oder ausschließen. Stellt sich die Beschränkung oder die Ausschließung als Mißbrauch der Rechte des Mannes dar, so kann sie auf Antrag der Frau durch das Vormundschaftsgericht aufgehoben werden. Dritten gegen-

372 Motive IV, S. 118.

373 H. Dernburg, Familienrecht, 4. Aufl., S. 119; Staudinger-Engelmann, 3./4. Aufl., § 1357, Bem. 3a; RGZ 61, 78 (81).

374 G. Planck, Die rechtliche Stellung der Frau, S. 12.

375 M. Weber, Ehefrau und Mutter, S. 431.

376 M. Weber, Ehefrau und Mutter, S. 431 f.; aus dem Zusammenhang ergibt sich, daß Weber eine Mithaftung meint.

377 M. Weber, Ehefrau und Mutter, S. 433.

über ist die Beschränkung oder die Ausschließung nur nach Maßgabe des § 1435 BGB wirksam."

Als Begründung führen die Motive[378] die späteren §§ 1354 und 1356 BGB i.d.F. von 1900 an: "Da die Schlüsselgewalt ihre Grundlage in dem § 1356 BGB habe, das Recht dem gemeinschaftlichen Hauswesen vorzustehen jedoch insofern beschränkt sei, als dem Ehemann bei Meinungsverschiedenheiten die Entscheidung nach Maßgabe des § 1354 BGB zustehe, so müsse ihm auch die Befugnis eingeräumt werden, das in 1357 Abs. 1 BGB bezeichnete Recht der Ehefrau entweder zu beschränken oder unter Umständen ihr vollständig zu entziehen."

Dieses rein private und voraussetzungslose Entziehungs- und Beschränkungsrecht mit nur nachträglicher Korrektur des Vormundschaftsgerichts, das überdies durch Wiederholung der Entziehung sabotiert werden konnte, fand – und dies kann wohl als Zeichen eines allgemeinen Gesinnungswandels gewertet werden – kein einhelliges positives Echo.

Bulling erkannte hierin[379] ein Fortleben der ehelichen Vogtei[380] und empfahl, den § 1357 Abs. 2 BGB i.d.F. von 1900 ganz zu streichen[381]. Weber hingegen hielt schon ein Recht auf Beschränkung oder Auschließung der Schlüsselgewalt für unverzichtbar. Jedoch sei ein solches an sachliche Interessen zu knüpfen und nicht aus einer autoritären männlichen Stellung abzuleiten. Die Befugnis des Mannes sei nur dann als gerechtfertigt zu erachten, wenn der Vormunschaftsrichter vorher die Notwendigkeit dafür festgestellt habe[382].

Es läßt sich somit festhalten, daß § 1357 Abs. 1 BGB i.d.F. von 1900 die rechtliche Voraussetzung für eine wirksame Gestaltung der (allerdings nur beschränkten) weiblichen Leitung des Hauswesens beinhaltete. Damit diente die Norm der Forderung nach einer freieren und selbständigeren Rechtsstellung. In bezug auf § 1357 Abs. 1 BGB i.d.F. von 1900 ist den Worten Lehmanns zu folgen, daß das Gesetz "dem Streben der Frau nach erweiterter Anerkennung ihrer Persönlichkeit" entgegenkam[383].

Daß die Begrenzung der auf wirtschaftlichen Bedürfnissen beruhenden rechtlichen Bewegungsfreiheit der Frau nicht aus ökonomischen Kriterien abgeleitet wurde, hebt diesen im Gesamtzusammenhang durchaus als sachgerecht zu bezeichnenden Ansatz wieder auf. Selbst die Mißbrauchsklausel, die immerhin dem Mann das Letztentscheidungsrecht nahm, konnte in der Art ihrer Gestaltung keine volle Wirksamkeit entfalten.

---

378 Motive IV, S. 119.
379 Wie auch in dem § 1354 BGB i.d.F. von 1900.
380 C. Bulling, Die deutsche Frau, S. 100.
381 C. Bulling, Die deutsche Frau, S. 108.
382 M. Weber, Ehefrau und Mutter, S. 432 f.
383 H. Lehmann, Deutsches Familienrecht, S. 55.

III. Vermögensbezogene Rechtswirkungen der Ehe

Das Bürgerliche Gesetzbuch verließ das sogenannte "Regionalprinzip"[384] und führte für ganz Deutschland als ordentlichen Güterstand die ehemännliche Verwaltung und Nutznießung am eingebrachten Gut der Frau ein[385]. Ausschlaggebend für die Entscheidung, das eheliche Güterrecht auf dem Prinzip der Verwaltungsgemeinschaft zu gründen, war ihr erhebliches Vordringen im 19. Jahrhundert zu Lasten der Gütergemeinschaft[386]. Gegenstand der Erörterung bildete auch das römische Dotalrecht[387]. Schon im Hinblick auf das relativ kleine Geltungsgebiet hatte es jedoch keine ernsthafte Chance. Zwar erkannte man, "daß die rechtliche Stellung der Ehefrau bei keinem Systeme des ehelichen Güterrechts eine so selbständige und gesicherte ist, als bei demjenigen, welches im Anschlusse an den Grundgedanken des röm. Rechtes der Ehe eine unmittelbare Einwirkung auf das Vermögen der Ehefrau versagt."[388] Nach der geschichtlichen Entwicklung des deutschen Rechts müsse jedoch "... durch die Eingehung der Ehe unmittelbar kraft Gesetzes eine dem Zweck der Ehe entsprechende Gestaltung der vermögensrechtlichen Verhältnisse der Ehegatten eintreten."[389] Zudem widerspreche das Dotalsystem auch dem deutschen Rechtsbewußtsein[390]. Während bei der Ablehnung der Gütergemeinschaft vor allem der Schutzgedanke zugunsten der Frau im Vordergrund stand[391], fand dieselbe Argumentation als Annahmegrund

---

384 Vgl. für das Recht vor 1900 die Zusammenfassung der über 100 einzelnen Regelungen mit unterschiedlicher Ausgestaltung zu fünf hauptsächlichen Ehegüterrechtssystemen und ihr Geltungsgebiet bei: Enneccerus-Wolff, Familienrecht, 1./2. Aufl., S. 140 f.

385 Subsidiär, bei Verlust des Verwaltungs- und Nießbrauchrechtes galt kraft Gesetz die Gütertrennung (§ 1426 BGB i. d. F. von 1900). Mit der Zurverfügungstellung von vier Modellen neben dem gesetzlichen Güterstand wurde den Beteiligten das Recht zugestanden, sowohl vor als auch in der Ehe (§ 1432 BGB i.d.F. von 1900) ihre vermögensrechtlichen Beziehungen selbst zu regeln. Für die ökonomische Grundlage der Eheleute galt also der Grundsatz der Privatautonomie, im Gegensatz zu den übrigen Teilen des Familienrechts.

386 Motive IV, S. 144.

387 Hierfür hatte sich schon in einer nicht mehr auffindbaren Petition der Allgemeine deutsche Frauenverein ausgesprochen. Die finanzielle Unabhängigkeit wurde zwar als Grundvoraussetzung der Entwicklung zur selbständigen Rechtspersönlichkeit betrachtet. Ihre zentrale Forderung war jedoch die partnerschaftliche Ausgestaltung der Ehe; vgl. M. Twellmann, Die Deutsche Frauenbewegung, S. 197 f.; M. Weber, Ehefrau und Mutter, S. 486.

388 Motive IV, S. 143.

389 Motive IV, S. 143.

390 Motive IV, S. 143.

391 Motive IV, S. 147: Insbesondere die Haftung des Gesamtgutes für die Schulden des Ehemannes gefährde die berechtigten Interessen der Ehefrau.

für die Gütertrennung somit keine Berücksichtigung. Als "natürlich und gerecht"[392] erachtete man hingegen bei der Verwaltungsgemeinschaft die mangelnde Beteiligung der Ehefrau am Ehegewinn. Der Mann trage allein die Gefahr des Verlustes, ihm allein gebühre daher auch der Gewinn[393]. Zudem sichere das wechselseitige Erbrecht der Frau den gebührenden Anteil an dem durch ihre Mitarbeit vergrößerten Vermögen des Mannes. Dieses Anrecht entfiel jedoch im Falle einer Ehescheidung, selbst wenn den Mann die alleinige Schuld traf.

Mit der Anpassung des Güterstandes der Verwaltung und Nutznießung des Mannes an die sozioökonomischen Strukturen erreichte man dennoch gegenüber den Regelungen der bisherigen deutschrechtlichen Güterrechten eine wirtschaftlich selbständigere Stellung der Frau. Dem Gesetzgeber gelang zudem eine Symbiose der Sicherheit des Frauenvermögens mit "einem Maximum an Dispositionsbefugnis des Ehemannes."[394]

Die verbesserte Stellung der Frau bestand vor allem darin, daß die Frau die Zugriffsmöglichkeit des Mannes nicht vertraglich ausschließen mußte, sondern bereits die gesetzliche Regelung eine gesicherte Position in bezug auf ihr Vermögen gewährte.

1. Aufwertung der weiblichen Rechtsposition durch das Vorbehaltsgut

Als tiefgreifendste gesetzliche Novation zugunsten der Frau wurde die Ausweitung des Vorbehaltsgutes aufgefaßt[395]. Zum freien Sondervermögen gehörten nicht nur "die ausschließlich zum persönlichen Gebrauch der Frau bestimmten Sachen, insbesondere Kleider, Schmucksachen und Arbeitsgeräte"[396], sondern

392 Motive IV, S. 157.
393 Motive IV, S. 157.
394 H. Dörner, Industrialisierung, S. 103.
395 G. Planck, Die rechtliche Stellung der Frau, S. 19; R. Schröder, Eheliches Güterrecht, S. 17; H. Dernburg, Familienrecht, 4. Aufl., S. 142; Staudinger-Engelmann, 3./4. Aufl., § 1367, Bem. 1. Das Vorbehaltsgut wurde als Sondervermögen der Frau anerkannt, auf das die bei der Gütertrennung für das Frauenvermögen geltenden Vorschriften Anwendung fanden (§ 1371 BGB i.d.F. von 1900). Die Frau hatte somit das Recht auf den Besitz, das Recht der eigenen selbständigen Verwaltung und freien Verfügung, das Recht der Nutzung, sowie das Recht zur Prozeßführung. Dem gegenüber stand jedoch ihre Beitragspflicht zu den Ehelasten, soweit der Mann nicht schon aus den Einkünften des eingebrachten Gutes einen angemessenen Beitrag erhielt (§ 1371 Abs. 2 BGB i.d.F. von 1900).
396 § 1366 BGB i.d.F. von 1900.

vor allem auch "was die Frau durch ihre Arbeit oder durch den selbständigen Betrieb eines Erwerbsgeschäfts"[397] verdiente[398].

Bestimmend für die letztgenannte Regelung war nach den Motiven[399] die Erwägung, daß es ungerecht wäre, wenn für den Fall, daß die Frau über ihre rechtliche Verpflichtung hinaus[400] arbeitet und selbständig erwirbt, diesen Ertrag dem Eigentum und der Disposition des Mannes zu unterwerfen. Um den Bedürfnissen der industrialisierten Gesellschaft gerecht zu werden, sollte die Frau, die am Wirtschafts- und Erwerbsleben teilnahm, in diesem Bereich eigenverantwortlich handeln und mit der Einräumung von Vorbehaltsgütern auch selbst haften können.

Ihre eherechtliche Selbständigkeit suchte man weiterhin dadurch hervorzuheben, daß die Anwendbarkeit des § 1367 BGB i.d.F. von 1900 nicht davon abhing, daß die Frau berechtigterweise der Arbeit oder dem selbständigen Erwerb nachgegangen war[401]. Das Erworbene behielt seine Eigenschaft als Vorbehaltsgut, auch wenn der Ehemann mit Ermächtigung des Vormundschaftsgerichts von dem Kündigungsrecht des § 1358 Abs. 1 BGB i.d.F. von 1900 Gebrauch machte oder der Tätigkeit seiner Frau berechtigt widersprach.

Diese Regelung war die Folge der durch das Bürgerliche Gesetzbuch geminderten Einflußnahme des Mannes auf die Erwerbstätigkeit der Frau. Der selbständige Betrieb eines Erwerbsgeschäftes bedurfte nicht mehr seiner Einwilli-

---

397 § 1367 BGB i.d.F. von 1900.

398 Nach § 1370 BGB i.d.F. von 1900 gehörte zu den gesetzlichen Vorbehaltsgut weiterhin: 1. jeder Erwerb der Frau "auf Grund eines zu ihrem Vorbehaltsgute gehörenden Rechtes"; 2. als gesetzliches Surrogat jeder Ersatz für die Zerstörung, Beschädigung oder Entziehung eines Vorbehaltsgegenstandes; 3. als rechtsgeschäftliches Surrogat jeder Erwerb der Frau durch ein auf das Vorbehaltsgut bezügliches Rechtsgeschäft. Ebenfalls fiel unter das freie Sondervermögen der Frau kraft rechtsgeschäftlicher Bestimmung, was durch Ehevertrag für Vorbehaltsgut erklärt wurde (§ 1368 BGB i.d.F. von 1900), sowie Erbschaften und Geschenke, falls der Zuwendende dies ausdrücklich bestimmt hatte (§ 1369 BGB i.d.F. von 1900).

399 Motive IV, S. 174 f.

400 § 1356 Abs. 2 BGB i.d. F. von 1900: "Zu Arbeiten im Hauswesen und im Geschäft des Mannes ist die Frau verpflichtet, soweit eine solche Thätigkeit nach den Verhältnissen, in denen die Ehegatten leben, üblich ist." Hatte der Ehemann ihr hierfür jedoch ein Gehalt ausgesetzt, so galt dieses als freier Arbeitserwerb und damit als Vorbehaltsgut; H. Dernburg, Familienrecht, 4. Aufl., S. 143; F. Endemann, Familienrecht, S. 314, Fn. 21.

401 Planck, Kommentar, 1./2. Aufl., § 1367, Bem. 2; Staudinger-Engelmann, 3./4. Aufl., § 1367, Bem. 5.

gung[402]. Soweit aber durch den Betrieb das gemeinschaftliche eheliche Leben berührt wurde, insbesondere die Frau ihren sich aus den §§ 1353 und 1354 BGB i.d.F. von 1900 ergebenden Verpflichtungen nicht nachkam, konnte er ihr die Fortsetzung nach Maßgabe des 1354 BGB i.d.F. von 1900 untersagen[403].

Bezüglich der Verpflichtung der Frau einem Dritten gegenüber zu einer persönlichen Leistung hatte sich das ehemännliche Einwilligungsrecht zu einem nur nach gerichtlicher Kontrolle anwendbaren fristlosen Kündigungsrecht abgeschwächt. Das Gericht hatte die Ermächtigung zu erteilen, wenn die Tätigkeit der Frau die ehelichen Interessen beeinträchtigte (§ 1358 Abs. 1 BGB i.d.F. von 1900). Fügte sie sich dem Willen des Mannes (auch in bezug auf den Widerspruch gegen ihren selbständigen Erwerbsbetrieb) nicht, stand diesem nach Klage auf Herstellung des ehelichen Lebens jedoch die Scheidungsklage zu (§ 1567 f. BGB i.d.F. von 1900). Faktisch verblieb dem Ehemann damit weiterhin die Möglichkeit, ihre ökonomische Unabhängigkeit zu verhindern. Dennoch begrüßte Weber diese Regelung[404]. Während sonst hinter ihrer Rechtskritik im Interesse der Frau das Bild der autonomen selbstverantwortlichen Rechtspersönlichkeit stand, scheint hinter der Argumentation pro § 1358 BGB i.d.F. von 1900 mehr die Intention zu stehen, daß die genannte Regelung dazu dienen könnte, im Einverständnis mit der Frau ein unbequemes Arbeitsverhältnis vorzeitig zu lösen. Lediglich durch vorherige Zustimmung begab sich der Mann seines Kündigungsrechts. Zudem konnte die Frau sich eine sichere, nicht nachträglich verschiebbare Basis schaffen, indem sie sich die Zustimmung des Vormundschaftsgerichts einholte (§ 1358 Abs. 2 BGB i.d.F. von 1900).

Umstritten war nun, ob auch das von der Frau schon bei Eheschließung selbständig betriebene sowie das während der Ehe aus Mitteln des eingebrachten Vermögens begonnene Erwerbsgeschäft selbst Vorbehaltsgut sei[405].

Die h.M.[406] rechnete in beiden Fällen mangels besonderer gesetzlicher Bestimmung die Bestandteile eines Erwerbsgeschäfts zum eingebrachten Gut der Frau. Wolle die Frau ein sichereres Verhältnis, so müsse sie entweder einen Ehe-

---

402 In dem neuen HGB wurde ebenfalls das Einspruchsrecht des Ehemannes gegen den Betrieb eines Handelsgewerbes beseitigt; vgl dazu ausführlich: v. Bucka, DJZ 1901, S. 421-423.

403 Staudinger-Engelmann, 3./4. Aufl., § 1354, Bem. 3b; R. Schröder, Eheliches Güterrecht, S. 19; Planck, Kommentar, 1./2. Aufl., § 1356, Bem. 4; a.A.: H. Dernburg, Familienrecht, 4. Aufl., S. 125.

404 M. Weber, Ehefrau und Mutter, S. 435.

405 Das während der Verwaltung und Nutznießung des Mannes aus Mitteln des Vorbehaltsgutes begonnene Erwerbsgeschäft galt gem. § 1370 BGB i.d.F. von 1900 als Vorbehaltsgut.

406 Planck, Kommentar, 1./2. Aufl., § 1367, Bem. 3; Staudinger-Engelmann, 3./4. Aufl., Bem. 3c; Opet, Kommentar, § 1367, Bem. 3.

vertrag mit dem Mann schließen, durch welchen das Erwerbsgeschäft für Vorbehaltsgut erklärt werde, oder "auf den selbständigen Betrieb desselben verzichten."[407] Ein Teil der Lehre suchte nach eigener Ansicht mit ihrer Auslegung "dem Geiste des Gesetzes" zu folgen, "das die arbeitende Frau unabhängig machen will von dem Belieben des Mannes."[408] Ordne man die Betriebsmittel dem eingebrachten Gut zu, so habe der Mann kraft seiner Verwaltungsmacht die Befugnis, jederzeit in das Geschäft der Frau einzugreifen und den Betrieb lahmzulegen. Damit würde das Gesetz seine eigenen Voraussetzungen negieren, da der Betrieb kein "selbständiger"[409] mehr sei[410]. Betreibe die Frau schon bei Eingebung der Ehe selbständig ein Erwerbsgeschäft, so werde es nach § 1366 BGB i.d.F. von 1900 Vorbehaltssgut, da es zum "Arbeitsgerät" der Frau gehöre. Die Eröffnung eines Erwerbsgeschäfts mit eingebrachtem Vermögen sei zwar, da die Frau einseitig das erworbene Recht des Mannes nicht schmälern könne, ohne seine Einwilligung nicht möglich. Werde diese jedoch erteilt, so sei aus seinem Willensakt die Konsequenz zu ziehen, daß das verwendete Eingebrachte sich zu Vorbehaltsgut wandle[411].

Ziel dieser Lehre war es, den "sozialen Anschauungen nachgebend, die eherechtliche Selbständigkeit der erwerbenden Ehefrau ... (zu) befestigen."[412] Dabei bediente man sich nach eigenem Dafürhalten einer Auslegung, die der "Tendenz unseres Gesetzes"[413] gerecht wurde. Der verheirateten Frau sollte ein Feld gesicherter Erwerbsmöglichkeiten eröffnet werden. Dafür mußten die unsicheren Folgen, die sich nach der Auffassung der h.M. bezüglich der erforderlichen Mittel ergaben[414], vermieden werden.

---

407 G. Planck, Kommentar, 1./2. Aufl., § 1367, Bem. 3.

408 H. Hachenburg, Vorträge, S. 392.

409 Selbständig bezeichnete das Verhältnis dem Ehemann gegenüber; F. Endemann, Familienrecht, S. 346, Fn. 47; H. Dernburg DJZ 1902, S. 465 (465).

410 F. Endemann, Familienrecht, S. 346.

411 H. Dernburg, DJZ 1902, S. 465 (468). Eine vermittelnde Lösung bot Enneccerus-Wolff, Familienrecht, 1./2. Aufl., § 46 I 1c, an, indem er scharf zwischen Erwerbsgeschäft und Geschäftsvermögen unterschied.

412 F. Endemann, Familienrecht, S. 347.

413 F. Endemann, Familienrecht, S. 347.

414 Die Frau lief Gefahr, daß der Mann die erteilte Einwilligung zurückzog. Zudem konnte er die zum eingebrachten Gut gehörigen Gegenstände jederzeit in seine eigene Verwaltung und Nutzung nehmen sowie die zum Warenlager gehörenden Gegenstände, soweit sie nach § 92 BGB verbrauchbare Sachen darstellten, ohne Zustimmung der Frau veräußern (§ 1376 Ziff. 1 BGB i.d.F. von 1900).

2. Mangelnde Verfügungsbefugnis über eingebrachtes Vermögen

Außer dem Vorbehaltsgut galt alles, was die Frau zur Zeit der Eheschließung besaß oder während der Ehe erwarb, als eingebrachtes Gut und war der Verwaltung und Nutznießung des Mannes unterworfen[415]. Er war berechtigt, das gesamte Eingebrachte in Besitz zu nehmen[416]. Zur Verfügung über eingebrachtes Gut bedurfte die Frau gemäß § 1395 BGB i.d.F. von 1900 der Einwilligung des Mannes. Dabei behandelte das Bürgerliche Gesetzbuch "zum Schutz der Interessen des Ehemannes"[417] die Verfügung einer Frau über eingebrachtes Gut – auch gegenüber Dritten – ähnlich einer Verfügung über eine fremde Sache. Unter Bezugnahme der §§ 108-112 BGB wurde die Wirksamkeit eines Rechtsgeschäfts der Frau, durch welches sie unter Lebenden über das eingebrachte Gut verfügte, nicht nur gegenüber dem Mann, sondern gegenüber jedem (also auch der Frau) von seiner Einwilligung abhängig gemacht[418].

Für Weber war hiermit deutlich, "daß die formale Beseitigung der Ehevogtei noch keineswegs ihre substantielle Vernichtung bedeutet."[419] Nach Bulling ist deshalb "der Frau, wenn ihr die Befugnis, über ihr Vermögen zu verfügen, entzogen wird, ihre Geschäftsfähigkeit nichts werth; die Frau ist dann faktisch geschäftsunfähig."[420] Kritik wurde aber auch an der rechtlichen Konstruktion dieses Verhältnisses geübt, indem sich ein Kommentar für eine relative Unwirksamkeit nach § 135 BGB aussprach: "Die Befugnis zur Geltendmachung der (Verfüguns-) Beschränkung hat nur der Mann, nicht die Frau oder ein Dritter. Denn die Bestimmung bezweckt den Schutz des Mannes in seiner Eigenschaft als Verwalter und Nutznießer des eingebrachten Gutes."[421] Folge dieser Auffassung wäre zwar weiterhin die faktische Geschäftsunfähigkeit einer Ehefrau im gesetzlichen Güterstand, jedoch eine stärkere Rechtsstellung jedem Dritten gegenüber.

Die Motive[422] hielten jedoch mit einer inkonsequenten Begründung eine absolute Unwirksamkeit vonnöten. Da es sich um eine Beschränkung lediglich zum Schutz der Interessen des Ehemannes handle, liege es zwar nahe, sich dem (späteren) § 135 BGB anzuschließen. "Eine solche Gestaltung empfiehlt sich indes-

---

415 § 1363 BGB i. d. F. von 1900.
416 § 1373 BGB i. d. F. von 1900.
417 Motive IV, S. 224.
418 Motive IV, S. 224; Planck, Kommentar, 1./2. Aufl., Vorbem. Nr. 7 zu §§ 1373 ff.; Staudinger-Engelmann, 3./4. Aufl., § 1395, Bem. 1; RGZ 54, 44 (46).
419 M. Weber, Ehefrau und Mutter, S. 416.
420 C. Bulling, Die deutsche Frau, S. 135.
421 Opet, Kommentar, § 1404, Bem. 2. Nicht ganz zweifelsfrei ist hierzu die Stellungnahme von F. Endemann, Familienrecht, S. 363, Fn.5.
422 Motive IV, S. 225.

sen nicht, weil danach die von der Ehefrau ohne Einwilligung des Ehemannes getroffene Verfügung über Ehegutsrechte nur dem Ehemanne gegenüber wirksam sein würde. Eine solche Relativität des Verhältnisses steht mit dem dem Entwurfe zu Grunde liegenden Gedanken, daß das Recht des Ehemannes niemals weitergehen kann, als das der Ehefrau ... nicht im Einklange"[423].

Zweck der absoluten Unwirksamkeit ungenehmigter Geschäfte war es also auch, der Frau die Möglichkeit zu eröffnen, die Unwirksamkeit ihres eigenen Geschäfts geltend zu machen. Da man ihr jedoch grundsätzlich die volle Geschäftsfähigkeit zubilligte, hätte man sie konsequenterweise auch an ihr rechtsgeschäftliches Handeln binden müssen.

3. Sicherung des eingebrachten Vermögens

Das Bürgerliche Gesetzbuch hob sich insoweit von dem bisherigen Rechtszustand ab, indem es eine Reihe von Vorschriften aufnahm, deren Ziel es war, die Substanz des eingebrachten Vermögens zu erhalten oder die Frau an der Entscheidung über die Verwendung zu beteiligen.

Das Verbot gegenüber dem Mann, über eingebrachtes Gut ohne Einwilligung der Frau zu verfügen, bezog sich nun nicht nur auf das unbewegliche, sondern auch auf das mobile, nicht verbrauchbare Vermögen (§ 1375 BGB i.d.F. von 1900)[424].

Diese "selbständigere Stellung"[425] der Frau basierte unter anderem auf der Einsicht, "daß für die Ehefrau unter Umständen eine große Härte und selbst Gefahr darin liegen kann, wenn die oft von individuellen Anschauungen abhängige Entscheidung, ob es im Interesse der ehelichen Wirtschaft angemessen ist, daß diese oder jene Sache veräußert werde, allein dem Ehemann überlassen wird."[426] Bedeutung erlangte diese Novation infolge des gewandelten Stellenwertes von beweglichem Vermögen, das "in der Mehrzahl aller Ehen den Hauptbestandteil des Ehegutes"[427] bildete.

---

423 Motive IV, S. 225.

424 Anders noch neben der überwiegenden Zahl der in Deutschland geltenden Rechte z.B. das ALR (II 1 § 247).

425 Motive IV, S. 274.

426 Motive IV, S. 274. Daneben führen die Motive IV, S. 273, als Begründung auch die Rücksicht auf die Sicherheit des Verkehrs an.

427 Motive IV, S. 274. Verweigerte die Frau jedoch ohne ausreichenden Grund die Zustimmung, so konnte diese auf Antrag des Mannes durch das Vormundschaftsgericht ersetzt werden (§ 1379 BGB i.d.F. von 1900).

Bei einem Erwerb beweglicher Sachen mit Mitteln des eingebrachten Gutes wurde weiterhin die Vermögenssubstanz der Frau durch dingliche Surrogation gesichert (§ 1381 BGB i.d.F. von 1900).

Unabhängig von den verwendeten Mitteln kam die dingliche Surrogation ebenfalls zur Anwendung, wenn der Mann Haushaltsgegenstände durch andere ersetzte (§ 1382 BGB i.d.F. von 1900). Damit schmälerte sich für die Frau die bisher allein getragene Gefahr der Abnutzung eingebrachter Sachen.

Ferner war die Frau berechtigt, Auskunft über den Stand der Verwaltung zu verlangen (§ 1374 S. 2 BGB i.d.F. Von 1900)[428]. Die Auskunftspflicht bezog sich "selbstverständlich nur auf die Substanz, nicht auch auf die Nutzungen des eingebrachten Gutes"[429]. Soweit durch die Verwaltung des Mannes eine erhebliche Gefährdung der Substanz zu befürchten war, gestand man der Frau das Recht zu, Sicherheitsleistung zu verlangen (§ 1391 BGB i.d.F. von 1900).

4. Schichtenspezifische Auswirkungen des gesetzlichen Güterrechts

Für die Position der Frau im gesetzlichen Güterrecht gewann die auf individualvertraglicher Grundlage erbrachte Arbeitsleistung eine bis dahin unbekannte Bedeutung. Daß sich die Verbesserung ihrer Rechtslage, insbesondere durch Ausdehnung des Vorbehaltsgutes, dabei schichtenverschieden auswirkte, wurde schon früh erkannt[430]. Endemann konstatierte, daß im Hinblick auf die §§ 1367, 1371 BGB i.d.F. von 1900 für die sogenannten arbeitenden Stände als gesetzlicher Güterstand tatsächlich zumeist das Recht der Gütertrennung gelten werde, zumal eingebrachtes Gut fast nicht existent sei[431]. Rein rechtlich kam damit der erwerbstätigen Ehefrau in weiten Bevölkerungskreisen eine selbständigere Stellung zu[432]. Die Arbeiterin konnte über ihren Arbeitserwerb juristisch frei disponieren. Tatsächlich jedoch waren die Regelungen des ehelichen Güterrechts für sie fast ohne praktische Bedeutung[433]. Arbeit war der einzige Vermögenswert,

---

428 Von einer nach dem ersten Entwurf dem Mann obliegenden Verpflichtung, "eine die geordnete Zusammenstellung der Einnahmen und Ausgaben enthaltende und mit Belegen versehene Rechnung zu belegen" (Motive IV, S. 285), hatte man allerdings Abstand genommen (B. Mugdan, Materialien IV, S. 755).

429 Staudinger-Engelmann, 3./4. Aufl., § 1374, Bem. 6.

430 F. Endemann, Familienrecht, S. 344, Fn. 39; M. Hachenburg, Vorträge, S. 382 f.; R. Schröder, Eheliches Güterrecht, S. 17, Fn. 3; Eneccerus-Wolff, Familienrecht, 1./2. Aufl., § 46 I 1b.

431 F. Endemann, Familienrecht, S. 344, Fn. 39.

432 Vgl. dazu auch: H. Dörner, Industrialisierung, S. 105f.; K. Schmid, Entstehung der güterrechtlichen Vorschriften im BGB, S. 116.

433 M. Martiny, Integration oder Konfrontation?, S. 61.

über den die Familie verfügte. Der Erlös wurde zur Bestreitung des Lebensunterhalts aufgebraucht. Vermögensbildung oder Vermögensmehrung fand nicht statt. Die so wichtige Errungenschaft der Ausweitung des gesetzlichen Vorbehaltsgutes, insbesondere auf den Arbeitserlös, erwies sich für die Arbeiterfrau damit als faktisch bedeutungslos[434].

Deutlich zeigte sich eine Benachteiligung hingegen bei den Ehefrauen aus den mittleren Schichten, die nicht nur ihr Vermögen einbrachten, sondern auch durch häusliche Mitarbeit und Mitarbeit im Geschäft des Mannes zur weiteren Vermögensbildung beitrugen[435]. Die mangelnde Partizipation am Zuerwerb kam hier zugunsten des Mannes voll zur Entfaltung[436].

Für die Ehefrau in den "vornehmen Bevölkerungsschichten" wird die Verwaltung und Nutznießung des Mannes als adäquat angesehen. Sie nehme weder an der Berufstätigkeit ihres Mannes noch an der häuslichen Arbeit persönlich Anteil. Selbst die Erfüllung ihrer Mutterpflichten pflege sie abzuwälzen. Die Nutzungen an ihrem Vermögen seien zur Bestreitung der beträchtlichen Unterhaltskosten gerechtfertigt. Da sie "ja immer nur konsumiert hat," habe sie auf das in der Ehe erworbene Vermögen "naturgemäß keinen Anspruch."[437]

Dies rechtfertigt jedoch nicht, ihre vermögensrechtliche Selbständigkeit zu schmälern. Das Vermögen der Frau hat, von den Familieninteressen abgesehen, lediglich ihrer Verfügungsgewalt zu unterliegen.

Mit dem gesetzlichen Güterrecht gelang es den Verfassern des Bürgerlichen Gesetzbuches, die Überordnung des Mannes mit dem durch die marktwirtschaftliche Ordnung bedingten Erfordernis einer selbständigeren Stellung der Frau zu kombinieren. Dabei diente die Einschränkung ihrer Verfügungsbefugnis zur Absicherung der männlichen Sonderstellung, vor allem in den mittleren und oberen Schichten. Indem die Ehefrau zwar das Eigentum an ihrem Vermögen behielt, ihr

---

434 H. Dörner, Industrialisierung, S. 105; K. Schmid, Entstehung der güterrechtlichen Vorschriften im BGB, S. 116. Diese faktische Irrelevanz findet sich auch schon in den Motiven IV, S. 175, mit der Feststellung, "daß der hier fragliche Erwerb seiner Natur nach laufendes Einkommen ist, welches als solches die Bestimmung hat, zu den laufenden Ausgaben verwendet, nicht aber, wie dies beim Ehegute der Fall ist, als Kapital aufgespart zu werden."

435 A. Menger, Das bürgerliche Recht und die besitzlosen Volksklassen, S. 32; H. Dörner, Industrialisierung, S. 106; K. Schmid, Entstehung der güterrechtlichen Vorschriften im BGB, S. 117.

436 Soweit ersichtlich, war F. Endemann, Familienrecht, S. 337, seinerzeit der einzige Vertreter, der die Regelung ablehnenden Ansicht, der nicht Gerechtigkeitserwägungen anführt, sondern seine Kritik auf praktischen Gesichtspunkten aufbaut. Er hält es für "unklug, ... daß der gemeinsame Erwerb dem Mann zufällt, ... (da so) das Interesse der Frau an einer sparsamen Haushaltsführung ausgeschaltet wird."

437 A. Menger, Das bürgerliche Recht und die besitzlosen Volksklassen, S. 32.

jedoch die Entscheidungszuständigkeit weitgehend genommen wurde, war sie "nicht Rechtssubjekt im vollem Sinn."[438]

IV. Elterliche Gewalt der Mutter

Bei der Ausgestaltung der elterlichen Gewalt gingen die Verfasser des Bürgerlichen Gesetzbuches über die bestehende Rechtslage der meisten Partikularrechte und des gemeinen römischen Rechts hinaus[439]. Sie ließen sich von der vielversprechenden Erwägung leiten, "daß das Mißtrauen, welches frühere Jahrhunderte in die Fähigkeit der Frau zu einer vollen Erfüllung ihres elterlichen Berufes setzen ..., nach den Verhältnissen der Gegenwart nicht mehr berechtigt ist."[440] So ersetzte das Bürgerliche Gesetzbuch die väterliche Gewalt endgültig durch die elterliche (§ 1626 BGB i.d.F. von 1900)[441].

Zu Lebzeiten des Vaters verblieb es jedoch im Verhältnis der Eltern zueinander weitestgehend bei der tradierten Stellung des Mannes. Der Begriff der elterlichen Gewalt war damit kein einheitlicher. Die Gewalt der Mutter trat zurück. Ihr kam lediglich eine Nebengewalt zu, die beschränkt war auf die gemeinschaftliche Sorge für die Person des Kindes (§ 1634 Halbs. 1 BGB i.d.F. von 1900). Doch selbst hierbei hielt man sie für weniger sachverständig als den Mann. Bei einer Meinungsverschiedenheit entschied nicht etwa das Vormundschaftsgericht, sondern es ging der Wille des Vaters vor (§ 1634 S. 2 BGB i.d.F. von 1900)[442]. Gerichtliche und außergerichtliche Vertretung des Kindes als Ausfluß der Personensorge[443], Verwaltung und Nutznießung des Kindesvermögens[444] sowie das Einwilligungsrecht zur Eheschließung des unmündigen Kindes[445] lagen weiterhin allein beim Vater. Die Motive rechtfertigen dies mit einem einzigen Satz: "Bei bestehender Ehe ist das Übergewicht des Vaters in der Natur der Dinge begrün-

---

438 W. Müller-Freienfels, Gleichberechtigungsprinzip und eheliches Güterrecht, S. 258 (260).

439 Vgl. dazu Motive IV, S. 733ff.

440 Motive IV, S. 737.

441 Für H. Dernburg, Familienrecht, 4. Aufl., S. 300, ist dies "immerhin ein kühner Schritt des B.G.B.".

442 Die Mutter konnte nur, wenn das geistige oder leibliche Wohl des Kindes durch einen Mißbrauch des Sorgerechts gefährdet war, die Entscheidung des Vormundschaftsgerichts herbeiführen (§ 1666 BGB i.d.F. von 1900). Damit gingen die Befugnisse des Mannes weiter als im persönlichen Eherecht.

443 § 1634 Halbs. 1 BGB i.d.F. von 1900.

444 § 1627, 1649 BGB i.d. F. von 1900.

445 § 1305 S. 1 BGB i.d. F. von 1900.

det, und muß ihm, vorbehaltlich des Anteils der Mutter an der Sorge für die Person der Kinder ..., die elterliche Gewalt beigelegt werden."[446]

Bei einer rechtlichen Verhinderung des Vaters ging zwar die Ausübung der elterlichen Gewalt auf die Mutter über[447]. Dem Ehemann verblieb jedoch weiterhin die Nutzung am Kindesvermögen[448]. Die Begründung der Motive: "während des Ruhens der elterlichen Gewalt die mit der Nutznießung verbundenen Vermögensvortheile zu entziehen ... würde ... eine unbillige Härte gegen den Inhaber der elterlichen Gewalt mit sich bringen."[449] Es konnte also auch der wegen Trunksucht oder Verschwendung entmündigte Vater die Herausgabe der Nutzungen verlangen[450].

Die entscheidende Besserstellung erfolgte erst mit Eheauflösung durch den Tod des Mannes. In diesem Fall erlangte die Mutter als Kosequenz "der grundsätzlich anerkannten vollen Handlungsfähigkeit"[451] die gesamten Rechte der elterlichen Gewalt, sofern nicht vorher der Vater ihre Entscheidungsbefugnis durch Bestellung eines Beistandes eingeschränkt hatte[452]. Um dieser Neuerung erst gar nicht den Anschein einer "sozialrevolutionären Bestrebung"[453] zu geben, rechtfertigte man sich damit, daß auf diese Weise der Mutter kein öffentliches Amt übertragen werde und daß dem Entwurf nichts ferner liege "als der Gedanke der sog. Emanzipation der Frauen."[454]

V. Vormundschaft der Frau

Deutlicher als anhand der oben genannten Stellungnahme im Vergleich zu der nun folgenden läßt sich kaum ein Anschauungswandel nachweisen, der zudem mit der definitiven Formulierung des Bürgerlichen Gesetzbuches seinen rechtlichen Niederschlag fand.

---

446 Motive IV, S. 736.
447 § 1685 Abs. 1 BGB i. d. F. von 1900.
448 § 1678 Halbs. 2 BGB i.d.F. von 1900.
449 Motive IV, S. 818.
450 Mit der Feststellung, daß Kindesinteressen bei der Ausgestaltung der elterlichen Gewalt völlig unberücksichtigt blieben, wies M. Weber, Ehefrau und Mutter, S. 454, auf diesen grotesken Fall hin.
451 Motive IV, S. 736.
452 § 1687 Ziff. 1 i.V.m. § 1777 BGB i.d.F. von 1900. Außerdem verlor die Witwe mit erneuter Eheschließung die elterliche Gewalt über ihre Kinder aus erster Ehe. Für das Kind mußte ein Vormund bestellt werden (§ 1697 BGB i.d.F. von 1900).
453 H. Lange, Kontinuität und Diskontinuität, S. 355 (359).
454 Motive IV, S. 737.

Während in den Motiven in bezug auf die Frage der Zulassung von Frauen zur Vormundschaft über fremde Kinder die Argumentation wiederholt wurde, indem angeführt wird, daß es geboten sei, sie "mit der Pflicht zur Uebernahme öffentlicher Aemter ... zu verschonen"[455], findet sich im Bericht der Reichstagskommission das genaue Gegenteil: "Es sei bei unseren sozialen Verhältnissen kein Grund mehr vorhanden, die Frau grundsätzlich vom Amte der Vormundschaft auszuschließen und nur ausnahmsweise zuzulassen. Ein überaus großer Theil unserer heutigen Frauen sei durch ihre Bildung und ihre geschäftliche Gewandheit ... geeignet, das Amt eines Vormunds zu versehen. Die Sorge für die Person des Kindes sei sogar regelmäßig in den Händen einer Frau weit besser aufgehoben als in den Händen eines Mannes."[456]

Dabei sollte jedoch nicht der Anschein erweckt werden, daß man sich einer Forderung der Frauenbewegung annähere. Vielmehr könne mit dieser Regelung ein Erfolg pädagogischer Natur erzielt werden, indem "sich der Frauenbewegung, die leider in manchen Punkten auf einer sehr ungesunden Bahn sei, ein durchaus berechtigtes und angemessenes neues Ziel (eröffne) und man lenke sie dadurch vielleicht in eine richtigere Bahn."[457]

Im Bürgerlichen Gesetzbuch bestand schließlich für die ledige, geschiedene und verwitwete Frau keinerlei Beschränkung mehr. Die Ehefrau hingegen konnte nur mit Zustimmung ihres Mannes zum Vormund bestellt werden (§ 1783 BGB i.d.F. von 1900). Alle Frauen gleichermaßen genossen gegenüber Männern das Privileg, die Übernahme der Vormundschaft ohne Begründung ablehnen zu können (§ 1786 Abs. 1 Ziff. 1 BGB 1.d.F. von 1900).

VI. Ehescheidung

Der vorgelegte Entwurf und das Bürgerliche Gesetzbuch folgten auch hinsichtlich des Ehescheidungsrechts dem Denkansatz Savignys. "Der christlichen Gesammtanschauung des deutschen Volkes entsprechend geht der Entwurf davon aus, daß im Eherecht, auch soviel die Auflösung der Ehe vor dem Tod eines Ehegatten betrifft, nicht das Prinzip der individuellen Freiheit herrschen darf, sondern die Ehe als ein von dem Willen der Ehegatten unabhängige sittliche und rechtliche Ordnung anzusehen ist."[458]

---

455 Motive IV, S. 1067.

456 B. Mugdan, Materialien IV, S. 1270.

457 B. Mugdan, Materialien IV, S. 1270. U.a. wurde mit dieser Begründung die Streichung des die Frauen von der Vormundschaft ausschließenden Passus empfohlen.

458 Motive IV, S. 562.

Für das Scheidungrecht bedeutete dies, daß es sich nicht an dem Willen der Ehegatten orientieren konnte. Allerdings bedeutete es aber auch, daß eine völlige Versagung der Ehescheidung diesen Grundsätzen widersprechen würde, wenn die sittliche Grundlage völlig zerstört war und den Ehegatten die weitere Aufrechterhaltung nicht zugemutet werden konnte.

1. Scheidungsvoraussetzungen

In bezug auf die Scheidungsvoraussetzungen beseitigte das Bürgerliche Gesetzbuch die zweitrangige Rechtsstellung der Frau. Die Motive konstatierten zwar noch, daß "unter Umständen der Ehebruch des Ehemannes im Hinblick auf die verschieden geartete Natur des männlichen und des weiblichen Geschlechts nicht als eine so schwere Verschuldung anzusehen sein mag, wie der Ehebruch der Ehefrau, ... als dadurch fremde Kinder in die Familie kommen können."[459] "Eine ... verschiedenartige Behandlung des Ehebruchs des Ehemannes und der Ehefrau verdient jedoch keine Billigung. Sie entspricht nicht dem sittlichen Gesammtbewußtsein des deutschen Volkes, nach welchem der Ehefrau in der Ehe prinzipiell eine gleichberechtigte Stellung mit dem Ehemann gebührt."[460]

Das Bürgerliche Gesetzbuch unterschied danach zwischen absoluten und relativen Scheidungsgründen. Die absoluten (Ehebruch, Bigamie, widernatürliche Unzucht, Lebensnachstellung, bösliches Verlassen)[461] gaben dem unschuldigen Gatten ein unbedingtes Scheidungsrecht. Ohne weitere Nachprüfung nahm das Gericht hierbei eine so schwere Zerrüttung der Ehe an, daß ein weiteres Zusammenleben nicht mehr zuzumuten war. Die Wirkung des Grundes auf das gegenseitige subjektive Empfinden war insofern irrelevant.

Bei den relativen Scheidungsgründen[462] oblag dem Richter hingegen das Werturteil, ob bestimmte Handlungen eine so tiefe Zerrüttung der Ehe herbeigeführt hatten, daß dem die Scheidung beantragenden Gatten eine weitere Fortsetzung der Ehe nicht mehr zuzumuten war.

Nach der Vorschrift des § 1570 BGB i.d.F. von 1900 entfiel jedoch das Scheidungsrecht in den Fällen der §§ 1565 – 1568 BGB i.d.F. von 1900 durch Verzeihung. Hierbei lief insbesondere die Frau Gefahr, daß ihre häufig noch durch "Gehorsam" geprägte Haltung und daraus resultierende Handlungen eventuell als Verzeihung gewertet wurden, ohne daß dies von ihr beabsichtigt war.

---

459 Motive IV, S. 582.
460 Motive IV, S. 582.
461 §§ 1565 – 1567 BGB i.d.F. von 1900.
462 § 1568 BGB i.d.F. von 1900.

Andererseits waren viele Frauen aufgrund der stark diskriminierenden Wirkung der Scheidung zu Beginn des 20. Jahrhunderts nicht bereit, ein Scheidungsverfahren einzuleiten. Der zur Scheidung entschlossene Mann hatte dann rechtlich keine Möglichkeit, die Scheidung der Ehe zu verlangen[463].

Durch die Scheidungserschwerung wurde somit nicht nur die Frau, sondern letztlich auch der Mann der Institution Ehe unterworfen.

2. Scheidungsfolgen

Ein vollständiges Bild der Scheidungsregelungen in bezug auf die Frau läßt sich jedoch erst unter Berücksichtigung der Scheidungsfolgen gewinnen. Wenn der Gesetzgeber bestimmte Gründe normiert, die einen Ehegatten berechtigen, die Scheidung seiner Ehe zu verlangen, so hängt die Frage, ob er von diesen Gebrauch machen wird, im wesentlichen von den Folgen ab, die an die Ehescheidung geknüpft werden[464].

a. Auseinandersetzung beim gesetzlichen Güterstand

Dem Mann wurde in § 1421 BGB i.d.F. von 1900 die Verpflichtung auferlegt, nach Beendigung der Verwaltung und Nutznießung der Frau das eingebrachte Gut herauszugeben und Rechenschaft über die Verwaltung abzulegen. Für die Frau bedeutete das, daß sie von dem, was der Mann in der Ehe erworben hatte, nichts bekam. Ihre Arbeit im Haushalt und ihre eventuelle Mithilfe bei seiner Erwerbstätigkeit, zu der sie unter Umständen sogar verpflichtet war (§ 1356 BGB i.d.F. von 1900), wurde bei der Ordnung der vermögensrechtlichen Verhältnisse geschiedener Ehegatten nicht gewertet. Sie hatte nicht einmal Anspruch auf die Erparnisse, die der Mann aus der Nutzung ihres Vermögens gezogen und nicht für den ehelichen Aufwand verbraucht hatte[465].

---

463 Jedoch konnte er faktisch dauernd von seiner Frau getrennt leben und dabei nicht nur sein Vermögen behalten, sondern auch das der Frau weiter verwalten. Zu der immensen finanziellen Benachteiligung der Frau bei Getrenntleben der Gatten infolge des gesetzlichen Güterstandes vgl. M. Weber, Ehefrau und Mutter, S. 550.

464 M. Munk, Vorschläge, S. 22.

465 Staudinger-Engelmann, 3./4. Aufl. § 1421 Bem. 2a.

b. Unterhaltsanspruch der unschuldig geschiedenen Frau

Im Anschluß an eine weit verbreitete gemeinrechtliche Praxis[466], aber entgegen der ständigen Rechtssprechung des Reichsgerichts[467] gewährten die Verfasser des Bürgerlichen Gesetzbuches einen Unterhaltsanspruch als Nachwirkung der Ehe aus Billigkeitsgründen. Hierbei handelte es sich um "eine ganz neue Art von Unterhaltsanspruch"[468], der im Anschluß an die gesetzliche Unterhaltspflicht von Verwandten ausgestaltet wurde. Der Gesichtspunkt der Entschädigung trat gegenüber den älteren Rechten gänzlich zurück. Die ablehnende Haltung des Gesetzgebers gegenüber einer Scheidungsstrafe oder Entschädigung begründen die Motive[469] folgendermaßen: Ein solcher Anspruch lasse sich aus allgemeinen Grundsätzen nicht herleiten. Auch widerstrebe es dem Wesen der Ehe, sie einem auf die Erlangung vermögensrechtlicher Vorteile gerichteten Rechtsgeschäft gleichzustellen und als Quelle solcher Vorteile rechtlich zu behandeln. Zudem würde die Aussicht auf eine Entschädigung häufig geradezu ein Anreiz für den unschuldigen Gatten sein, einen vorhandenen Scheidungsgrund aus niedrigen Beweggründen zu seinem Vorteil auszunutzen.

Dem widersprechend stellte Gierke[470], in Anlehnung an die unbefriedigenden Resultate, die sich bei der Vermögensauseinandersetzung im gesetzlichen Güterstand ergeben konnten und die vor allen Dingen die unschuldige Frau schwer trafen, kritisch fest: "Es gibt ... keinen »allgemeineren« Grundsatz der Rechtsordnung als den der ausgleichenden Gerechtigkeit, welcher entschieden die Verurteilung des schuldigen Teiles zu einer umfassenden Entschädigung oder Abfindung verlangt!"

Der einzige Anspruch, den die Frau nach der Scheidung geltend machen konnte, war der auf Unterhalt. Nach § 1578 Abs. 1 BGB i.d.F. von 1900 hatte der allein für schuldig erklärte Mann der Frau standesgemäßen[471] Unterhalt zu gewähren. Voraussetzung war jedoch ihre Bedürftigkeit, d.h. sie durfte einen entsprechenden Unterhalt nicht aus den Einkünften ihres Vermögens und den Erträgen einer Erwerbstätigkeit bestreiten. Zum Erwerb ihres Unterhalts war sie verpflichtet, soweit nach den Verhältnissen, in denen die Ehegatten gelebt hatten, Erwerb durch Arbeit der Frau üblich war. Ging sie nach der Ehescheidung einer Erwerbstätigkeit nach, ohne durch die früheren Verhältnisse dazu gezwungen

466 Vgl. dazu Motive IV, S. 614.
467 Vgl. dazu oben, Fn. 333.
468 Motive IV, S. 615 f.
469 Motive IV, S. 615 f.
470 O. v. Gierke, Der Entwurf und das deutsche Recht, S. 452.
471 D.h. dem Stand der Ehegatten zur Zeit der Rechtskraft des Scheidungsurteils entsprechend; Staudinger-Engelmann, 3./4. Aufl., § 1580, Bem. 3b.

gewesen zu sein, fand nach der überwiegenden Meinung[472] eine Anrechnung nicht statt. Es sei nicht gerechtfertigt, den schuldigen Mann von seiner Unterhaltspflicht zu befreien, weil die Frau, die nicht mehr im gemeinsamen Haushalt tätig sein konnte, sich deshalb einen neuen Wirkungskreis gesucht habe. Sie arbeite im eigenen Interesse und nicht, um den Mann zu entlasten. Schließlich müsse man der Frau auch das Recht zum Tätigwerden über ihre Verpflichtung hinaus zugestehen, da ihr Unterhaltsanspruch gegen den Mann nicht für alle Zukunft gesichert ist[473]. Weiterhin war ihre Erwerbsverpflichtung gemindert, sofern sie für Kinder, die ihr zugesprochen waren, sorgen mußte[474].

Der so zunächst günstig erscheinende Unterhaltsanspruch der Frau war jedoch begrenzt durch die Leistungsfähigkeit des Mannes (§ 1579 Abs. 1 BGB i.d.F. von 1900).

War er unter Berücksichtigung seiner sonstigen Verpflichtungen außerstande, ohne Gefährdung seines eigenen standesmäßigen Unterhalts seiner geschiedenen Frau Unterhalt zu gewähren, so brauchte er nicht mehr als ein Drittel seiner verfügbaren Einkünfte abgeben. Reichte das Zurückbehaltene nicht einmal zu seinem notdürftigen Unterhalt, so mußte sich die Frau mit dem begnügen, was der Mann nach Bestreitung seines notdürftigen Unterhalts übrig hatte. Sie bekam gar nichts, wenn er seine gesamten Einkünfte dazu brauchte[475]. Einer weiteren Einschränkung unterlag der Unterhaltsanspruch dann, wenn der Mann für ein minderjähriges Kind oder für einen neuen Ehepartner zu sorgen hatte[476]. Das Gericht hatte in Ermangelung einer Einigung der Parteien den Unterhaltsanspruch der geschiedenen Frau auf dasjenige festzusetzen, was mit Rücksicht auf die Bedürfnisse sowie auf die Vermögens- und Erwerbsverhältnisse der Beteiligten der Billigkeit entsprach. Dies konnte ebenfalls dazu führen, daß der Unterhaltsanspruch ganz wegfiel[477].

---

472 H. Jastrow, Das Recht der Frau, S. 149 f.; Opet, Kommentar, § 1578, Bem. 2b; Staudinger-Engelmann, 3./4. Aufl., § 1578, Bem. 3a; RGZ 62, 294 (300).

473 W. Grötzsch, Die Unterhaltspflicht der geschiedenen Ehegatten, S. 18. Gegen diese Auffassung wandte sich nur C. Davidson, Das Recht der Ehescheidung, S. 124: Zum einen dürfe die Frau nicht besser gestellt werden als bei Fortdauer der Ehe, zum anderen habe die Unterhaltspflicht nur subsidiären Charakter.

474 C. Davidson, Das Recht der Ehescheidung, S. 124.

475 Planck, Kommentar, 1./2. Aufl., § 1579 Bem. 1.

476 § 1579 Abs. 1 S. 2 BGB i.d.F. von 1900. Voraussetzung war auch hierbei, daß der Mann unter Berücksichtigung seiner sonstigen Verpflichtungen außerstande war, ohne Gefährdung seines eigenen standesmäßigen Unterhalts sämtliche Unterhaltsansprüche in vollem Umfang zu befriedigen.

477 RGZ 48, 112 (113 f.).

VII. Ergebnis

Die Gesellschaft des ausgehenden 19. Jahrhunderts stellte sich als eine Gesellschaft im Umbruch dar. Die tiefgreifenden sozialen Veränderungen blieben nicht ohne Einfluß auf das Familienrecht. Auf die verstärkte Berufstätigkeit der Frau in den sozial schlechter gestellten Schichten, außerhalb des traditionellen Familienverbandes, reagierte der Gesetzgeber mit einem weitergehenden Freiheitsraum in der Vermögenssphäre, jedoch lediglich in dem Umfang, als es zum Funktionieren der Gesellschaftsordnung erforderlich war. Der Mann blieb weiterhin die allein dominierende Person in der Ehe, sowohl über die Frau als auch über ihr Vermögen. Auch die kontrollierbaren Entscheidungsrechte vermochten nicht, seine Vorherrschaft zu beseitigen, jedoch gewährten sie einen hohen Grad an Sicherheit für das Frauenvermögen. Ihre wirtschaftliche Mitverantwortung konnte allerdings seine Führungsrolle (insbesondere in bezug auf Anschaffungen, Wohnung und Wohnungswechsel) relativieren.

Die Emanzipation der Frau war dabei niemals Ziel des Gesetzgebers. Planck bekennt dies ganz offen. Zwar hält er es für "möglich, daß die Entwicklung in der Richtung vorwärts geht, daß alles Gewicht auf die völlige Selbständigkeit der Frau gelegt wird und man die damit verbundenen Uebelstände mit in den Kauf nimmt. Zur Zeit wäre es ein unverantwortlicher Sprung ins Ungewisse gewesen, wenn man so radikal mit der ganzen bisherigen Rechtsentwicklung hätte brechen wollen ... "[478] "Den Forderungen der Frauenbewegung auf Aenderung des Entwurfs des Bürgerlichen Gesetzbuchs ist nicht stattgegeben und konnte ... zur Zeit nicht stattgegeben werden."[479]

Mit Isele[480] läßt sich die abschließende Wertung vernehmen, daß sich rückschauend die Stellung der Frau "eher als Schlußakkord des 19., denn als Ouvertüre des 20. Jahrhunderts" erweist.

---

478 G. Planck, Die rechtliche Stellung der Frau, S. 26.
479 G. Planck, Die rechtliche Stellung der Frau, S. 30.
480 H. G. Isele, AcP 150, S. 1 (3).

K. Emanzipatorische Reformbestrebungen in der Weimarer Republik

In Art. 119 Abs. 1 S. 2 WRV wurde für die Ehe bestimmt, sie solle auf der Gleichberechtigung der Geschlechter beruhen[481]. Daß damit weder eine Bestätigung des Bürgerlichen Gesetzbuches noch eine unmittelbare Änderung der familienrechtlichen Bestimmungen beabsichtigt war, sondern ein den künftigen Gesetzgeber bindendes Programm, machte die DDP-Abgeordnete Baum deutlich[482]: Wir sind "der Meinung, daß durch die jetzt geltenden Bestimmungen des Bürgerlichen Gesetzbuches den Frauen und damit auch der Ehe vielfach Unrecht geschehen ist. Wir gehen von der Anschauung aus, daß doch alsbald eine Revision des Familienrechts, wie es jetzt im Bürgerlichen Gesetzbuch festgelegt ist, kommen muß, und es ist gut, wenn diese Revision dann auf einer in der Verfassung festgelegten Grundlage fußt, in dem Sinne, daß die Gleichberechtigung der beiden Ehegatten ausdrücklich ausgesprochen wird."[483]

Aufgrund der inneren Zerissenheit der gesellschaftlich relevanten Kräfte und Parteien kam es während der Weimarer Zeit nicht zu einer legislativen Änderung des Familienrechts[484]. Jedoch erhielt die rechtspolitische Diskussion durch die programmatische Erklärung in Art. 119 WRV einen Auftrieb[485] von bislang noch nie vorhandenem Umfang.

---

481 Die Einführung des Verfassungssatzes: "Sie beruht auf der Gleichberechtigung der Geschlechter" wurde erst in der dritten Beratung des Verfassungsentwurfs aufgrund eines Antrags der DDP beschlossen. Vgl. zur Entstehung dieses Verfassungsstzes: Verhandlungen der Nationalversammlung, Sten. Ber., Bd. 328, S. 2126 ff.; D. Schwab, FS-Bosch, S. 893 ff (bes. 905f.).

482 So auch: G. Anschütz, Art. 119, Anm.3; A. Wieruszowski bei H. C. Nipperdey, Grundrechte und Grundpflichten, Bd. II, S. 80.

483 Verhandlungen der Nationalversammlung, Sten. Ber., Bd. 328, S. 2126.

484 Die Rechtsstellung der verheirateten Frau wurde lediglich durch die unbeschränkte Zulassung zum Amt des Vormunds erweitert (§ 48 des Reichsgesetzes für Jugendwohlfahrt vom 9. Juli 1922, RGBl. I, S. 633 [640]), sowie durch ein Mitbestimmungsrecht hinsichtlich der religiösen Kindeserziehung (Gesetz über die reliegiöse Kindeserziehung vom 15. Juli 1921, RGBl. II, S. 939 ff.).

485 Hagemeyer, Denkschrift, S. 7.

I. Fortschrittliche Projekte des 33. und 36. Deutschen Juristentages

Die Bereitwilligkeit, die Frauenemanzipation im Familienrecht voranzutreiben, zeigte sich auf dem 33. Deutschen Juristentag 1924 in Heidelberg. Die bürgerlich-rechtliche Abteilung beschäftigte sich mit dem Thema: "Welche Richtlinien sind für die künftige Gestaltung des eheliches Güterrechts aufzustellen?"[486] Dabei war unter den drei Berichterstattern zum ersten Mal eine Frau, Dr. Marie Munk. Die Referate hatten die "Befreiung der Frau von der Vorherrschaft des Mannes und Beteiligung der Frau an dem während der Ehe erworbenen Vermögenszuwachs"[487] zum Ziel. Trotz bestehender Differenzen einigten sich die Berichterstatter Kipp, Munk und Wieruszowski auf folgende Hauptthese, die fast einstimmig von der Versammlung angenommen wurde: "Als künftiges gesetzliches eheliches Güterrecht empfiehlt sich die Gütertrennung in Verbindung mit einer Beteiligung beider Gatten an der Errungenschaft. Ehevertäge sind, wie bisher, zuzulassen."[488]

Mit der bis dahin unbekannten Offenheit für Frauenrechtsprobleme tauchte nun auch eine neue Argumentation auf. Für Kipp war die Abschaffung des Systems der Verwaltung und Nutznießung "nicht bloß ein Akt des formalen Gehorsams gegen die Reichsverfassung Art. 119, sondern eine Forderung der Gerechtigkeit."[489] Mit dem Kriterium der Gerechtigkeit und der Feststellung, daß die Emanzipation des weiblichen Geschlechts eine Kulturentwicklung sei, die in die Jahrtausende zurückreicht[490], wurde die natürliche und sittliche Ordnung mit neuem Inhalt gefüllt.

Dem Beschluß des Juristentages pflichtete das Land Preußen bei[491]. Auf eine Anfrage des Reichsjustizministeriums an die Landesregierungen zur Schaffung eines neuen gesetzlichen Güterstandes erklärte Preußen 1929 nach Anhörung der Oberlandesgerichte, daß wegen des grundsätzlichen Wandels der Anschauungen über das Verhältnis der Geschlechter eine Abänderung des Güterrechts notwendig sei, unabhängig davon, ob es sich bewährt habe und mit Art. 119 Abs. 1 S. 2 WRV vereinbar sei oder nicht. Ausgangspunkt einer Neuregelung könne nur die Gütertrennung mit einem Ausgleich des Zugewinns auf schuldrechtlicher Grundlage sein. So kombiniere man die Vorzüge der Gütertrennung und Errungenschaftsgemeinschaft. Die Anerkennung beider Ehegatten als selbständige Rechts-

486 Verhandlungen des 33. DJT, S. 325.
487 Th. Kipp, Verhandlungen des 33. DJT, S. 345.
488 Verhandlungen des 33. DJT, S. 384.
489 Th. Kipp, Verhandlungen des 33. DJT, S. 345.
490 Th. Kipp, Verhandlungen des 33. DJT, S. 345.
491 Ebenso äußerten sich Bayern und Braunschweig. Nachweise bei W. Schubert, Die Projekte der Weimarer Republik, S. 95 f., Fn. 5f.

persönlichkeiten werde mit dem Gedanken verbunden, daß beide durch ihr Zusammenwirken in ehelicher Lebensgemeinschaft zu einem von ihnen erzielten Zuwachs beigetragen haben. So schaffe man eine für den Durchschnitt passende Lösung.

Zu einer Verwertung der gewonnenen Umfrageergebnisse kam es in der Weimarer Zeit nicht mehr. Später jedoch sollten diese Überlegungen die Grundlage für die mit dem Gleichberechtigungsgesetz vorgenommenen Änderungen bilden.

Auf dem 36. Deutschen Juristentag in Lübeck 1931 war das Thema erweitert worden: "Inwieweit bedürfen die familienrechtlichen Vorschriften des Bürgerlichen Gesetzbuches mit Rücksicht auf den die Gleichberechtigung der Geschlechter aussprechenden Art. 119 Abs. 1 Satz 2 der RVerf. einer Änderung?" Wiederum befand sich unter der Gutachtern eine Frau: Dr. Emmy Rebstein-Metzger[492]; Dr. Marianne Weber hielt ein Referat[493]. Die Gutachter und Referenten sowie alle Diskussionsredner[494] kamen zu dem von der ersten Abteilung gebilligten Ergebnis[495], daß sowohl die Reichsverfassung als auch die veränderten wirtschaftlichen, sozialen und politischen Funktionen der Frauen eine Änderung des Familienrechts erfordern. Einer vollständigen Umgestaltung bedürfe das persönliche Eherecht, das gesetzliche und vertragliche Güterrecht, die elterliche Gewalt bei bestehenden und aufgelösten Ehen sowie das Vormundschaftsrecht. Zwar konnte man sich nicht auf die konkrete Gestaltung einzelner Rechtsnormen einigen, doch sollte das künftige Recht einer neuen Deutung der Ehe, im Sinne einer Lebensgemeinschaft zweier sittlich ebenbürtiger, voll verantwortlicher und selbstmündiger Genossen, Rechnung tragen.

Damit konnte am Ende des Juristentages erstmals eine Frau mit hoher Befriedigung feststellen, daß sie "die volle Bereitwilligkeit dieses hochansehnlichen Kreises von Fachvertretern gespürt (habe), die Selbstmündigkeit (des weiblichen) Geschlechts anzuerkennen und nunmehr auch in den Ehegesetzen zu verankern."[496] Aber es war auch ein weiteres Gespür vorhanden, als Marianne Weber

---

492 E. Rebstein-Metzger, Verhandlungen des 36. DJT, Bd. 1 (Gutachten), S. 540-591.

493 M. Weber, Verhandlungen des 36. DJT, Bd. 2 (Sten. Ber.), S. 94-106.

494 Von den acht Diskussionsbeiträgen wurden fünf von Frauen geleistet. (Verhandlungen des 36. DJT, Bd. 2 [Sten. Ber.], S. 108-133).

495 Verhandlungen des 36. DJT, Bd. 2, (Sten. Ber. über die bürgerlich-rechtliche Abteilung), S. 808 ff.

496 Verhandlungen des 36. DJT, Bd. 2, (Sten. Ber. über die bürgerlich-rechtliche Abteilung), S. 810.

aussprach, daß "jede rechtsradikale Revolution das ... mühsam Erworbene aufs neue in Frage stellt."[497]

Obwohl eine legislative Verwirklichung des Art. 119 Abs. 1 S. 2 WRV ausblieb und somit lediglich der geistige Boden für eine spätere Zeit geschaffen wurde, verlor der Gleichberechtigungsgrundsatz dennoch nicht vollends seine rechtliche Bedeutung. In der Wissenschaft wurde die Forderung laut, den patriarchalen Gesetzen "den Geist der Parität der Geschlechter einzuhauchen"[498]. Für die rechtsanwendenden Instanzen müsse dieser ethische Grundsatz eine bindende Auslegungsregel darstellen. Wo dem Richter bei seiner Entscheidung vom Gesetzgeber ein Ermessensspielraum eingeräumt worden war, solle eine stärkere Berücksichtigung der Belange der Frau, ihres Mitspracherechts, aber auch ihrer Mitverantwortung erfolgen[499].

In diesem Sinne zeigte sich in der Rechtsprechung eine an den veränderten Verhältnissen orientierte Betrachtungsweise. Dem Entscheidungsrecht des Mannes nach § 1354 BGB a.F. wurde die Berücksichtigung der "beiderseitigen Interessen und der beiderseitigen Pflicht zum Entgegenkommen"[500] entgegengesetzt.

II. Reformbestrebungen zum materiellen Scheidungsrecht

In den Verhandlungen des 33. und 36. Deutschen Juristentages kam schon deutlich zum Ausdruck, daß es nicht nur die progammatische Erklärung des Art. 119 Abs. 1 S. 2 WRV war, die den Emanzipationsbestrebungen einen Vorschub leistete. Insbesondere der Einfluß des Ersten Weltkrieges war es, der zudem das tatsächliche Verhältnis der Geschlechter zueinander gewandelt hatte[501].

Durch den Mangel an männlichen Arbeitskräften und die katastrophale wirtschaftliche Situation waren viele Frauen, auch solche, für die es bis dahin aufgrund ihres Standes undenkbar war, der Härte des Existenzkampfes ausgesetzt. Sie bewiesen ihre Selbständigkeit bei der Kriegsarbeit, Alleinerziehung der Kinder oder Weiterführung des ehemännlichen Erwerbsgeschäfts. In der Weimarer

497 Verhandlungen des 36. DJT, Bd. 2, (Sten. Ber. über die bürgerlich-rechtliche Abteilung), S. 810.

498 H. Mitteis, Familienrecht, 3. Aufl., S. 2.

499 G. Anschütz, Art. 119, Anm. 3; H. Mitteis, Familienrecht, 3. Aufl., S. 2; A. Wieruszowski bei H.C. Nipperdey, Grundrechte und Grundpflichten, BD.II, S. 81.

500 RGZ 124, 54 (58) = JW 1930, S. 986 (987) mit Anm. von C. Rosenberg, der die Entscheidung für bemerkenswert erachtet, da in ihr der Gedanke der Gleichberechtigung beider Ehegatten besonders scharf zum Ausdruck gelangt. Zur Änderung der Rechtsprechung vgl. ausführlich R. Mestwerdt, Das Sozialbild der Ehe, S. 86-96.

501 Vgl. dazu E. Wolf/ G. Lüke/ H. Hax, Scheidung und Scheidungsrecht, S. 197 ff.

Zeit wurde die Erwerbstätigkeit von Frauen zu einem festen Segment des Arbeitsmarktes[502]. Mit dem so erlangten veränderten Selbstbewußtsein war man weniger bereit, sich einer Vormachtstellung des Mannes in der Ehe unterzuordnen.

Auch erhoben nach dem ersten Weltkrieg weite Kreise der Bevölkerung die Forderung nach einer freieren Gestaltung des Scheidungsrechts[503]. Diese hatte ihre Ursachen in den häufig übereilt geschlossenen "Kriegsehen", bei denen sich die Partner kaum kannten und im nachhinein feststellten, daß sie nicht zusammenpaßten, und in den Ehen, in denen durch die kriegsbedingte Trennung das Problem der unheilbaren Entfremdung eingetreten war. Hinzu kamen die mit dem Zusammenbruch des Deutschen Reiches veränderten gesellschaftlichen Verhältnisse. Sie beinhalteten eine Lockerung der sittlichen und moralischen Vorstellungen, denen insbesondere Frauen bis dahin unterworfen waren. Damit ließ die gesellschaftliche Ächtung der Geschiedenen nach. Zudem entsprach das restriktive Ehescheidungsrecht des Bürgerlichen Gesetzbuches nicht dem gesellschaftlichen Klima der Erneuerung. Es setzten Zweifel an dem Begriff der Schuld ein. Waren in Wahrheit bei jedem ehelichen Scheitern nicht immer beide Teile schuldig? Daß man sich auf die Unbequemlichkeit, Launen und Eigenarten des anderen Teils zur Rechtfertigung seines eigenen Verhaltens berufen könne, wurde eine moralisch vertretbare Ansicht[504]. Da jedoch die dem Scheidungsbegehren der Betroffenen entgegenstehenden gesetzlichen Vorschriften auf legalem Wege nicht zu umgehen waren, blieb die einverständliche Täuschung des Gerichts ein häufig beschriebener Ausweg[505].

Diese Mißstände und der grundlegende Wandel der sittlichen Anschauungen löste eine Reformbewegung aus. Vereinigungen von potentiell Betroffenen wurden gebildet, die sich mit Eingaben und Petitionen zur Erleichterung der Ehescheidung an den Reichsjustizminister und den Reichstag wandten, so z.B. der einflußreiche Verband "Eherechtsreform"[506]. Ebenso setzte sich auch der Bund der deutschen Frauenvereine in einer von seiner Vorsitzenden Munk verfaßten Denkschrift für eine Reform des Ehescheidungsrechts auf der Basis des Zerrüt-

---

502 Der Anteil von Frauen an der Summe aller Erwerbstätigen betrug 1925: 35,8% (1933: 35,5%); vgl. D. Petzina/ W. Abelshauser/ A. Faust, Sozialgeschichtliches Arbeitsbuch, Bd. 3, S. 55.

503 W. Schubert, Die Projekte der Weimarer Republik, S. 82 f.; E. Wolf/ G. Lüke/ H. Hax, Scheidung und Scheidungsrecht, S. 73 f.

504 H. Hattenhauer, FS-Wolf, S. 143 (153).

505 Enneccerus-Wolff, Familienrecht, 7. Bearb., § 34 III d.

506 Vgl. dazu M. Hachenburg, JW 1922, S. 5 (5). Die Reformvorschläge der Petition vom 3.2.1922 zitiert bei W. Schubert, Die Projekte der Weimarer Republik, S. 83 f., Fn. 4.

tungsprinzips ein[507]. Die im Schrifttum überwiegend vertretene Auffassung ging ebenfalls dahin, daß das im Bürgerlichen Gesetzbuch niedergelegte Verschuldensprinzip durch Zerrüttungsgründe erweitert oder ersetzt werden müsse[508].

Diese Reformbestrebungen fanden auch ihren parlamentarischen Niederschlag[509]. Verschiedene Parteien legten Initiativgesetzentwürfe vor, doch zog sich der Kampf um das Zerrüttungsprinzip ergebnislos durch die Jahre der Republik. Im März 1928 verabschiedete der Rechtspflegeausschuß unter der Leitung von Kahl[510] einen familienpoltischen Kompromißvorschlag zur Einführung eines neuen § 1568a BGB, dessen Verabschiedung man für möglich hielt, mit folgendem Wortlaut:

"Ein Ehegatte kann auf Scheidung klagen, wenn aus einem anderen Grunde eine so tiefe Zerrüttung des ehelichen Verhältnisses eingetreten ist, daß eine dem Wesen der Ehe entsprechende Fortsetzung der Lebensgemeinschaft nicht mehr erwartet werden kann und wenn infolge der Zerrüttung die Lebensgemeinschaft der Ehegatten seit mindestens einem Jahr vor Erhebung der Klage nicht mehr besteht.

Das Recht eines Ehegatten auf Scheidung nach Abs. 1 ist ausgeschlossen, wenn er selbst einen Scheidungsgrund gegeben hat oder anderweitig die Zerrüttung der Ehe vorwiegend durch sein schuldhaftes Verhalten herbeigeführt worden ist.

Die Scheidung wird erst ausgesprochen, wenn die Ehegatten sich über ihre gegenseitige Unterhaltspflicht und über die Sorge für die Person der gemeinsamen Kinder geeinigt haben. Kommt die Vereinbarung nicht zustande, so wird die Regelung durch das Urteil ersetzt."[511]

Zu einer Beratung des Antrags kam es jedoch nicht mehr, da der Reichstag kurz danach aufgelöst wurde. Nach den Neuwahlen (20.5.1928) legte das Justizministerium dem Rechtspflegeausschuß am 21.3.1929 einen Referentenentwurf vor, der sich an die Fassung vom März 1928 anlehnte[512]. In bezug auf das Scheidungsfolgenrecht gab der Entwurf fast wörtlich die Grundlinie Radbruchs wie-

507 M. Munk, Vorschläge, S. 60.

508 Vgl. die ausführliche Literaturzusammenstellung zum Ehescheidungsrecht (1918-1932) bei W. Schubert, Die Projekte der Weimarer Republik, S. 21-24.

509 Vgl. hierzu die Darstellung in der amtlichen Begründung zum 1. EheRG, BT-Drucks. 7/650, S. 65-67 m.w.N.; D. Blasius, Ehescheidung in Deutschland, S. 155; Th. Ramm, Familienrecht Bd. 1, S. 81 f.; W. Schubert, Die Projekte der Weimarer Republik, S. 82ff.; E. Wolf/ G. Lüke/ H. Hax, Scheidung und Scheidungsrecht, S. 74 ff.

510 Vgl. zu der Auffassung von W. Kahl: Gruchots Beiträge, Bd. 67, S. 1-15; DJZ 1927, Sp. 553-564.

511 Abgedruckt bei W. Schubert, Die Projekte der Weimarer Republik, S. 578.

512 Abgedruckt bei W. Schubert, Die Projekte der Weimarer Republik, S. 597 ff.

der[513]. Das Schuldprinzip sollte bei dem nachehelichen Unterhalt nur noch eine nebengeordnete Rolle spielen. § 1579a BGB:

"Ist keiner der Eheeatten für schuldig erklärt, so ist, wenn einer von ihnen außerstande ist, sich selbst zu unterhalten, der andere Ehegatte insoweit unterhaltspflichtig, als es nach den Umständen, insbesondere mit Rücksicht auf die Bedürfnisse und auf die Vermögens- und Erwerbsverhältnisse der Ehegatten, der Billigkeit entspricht."[514]

Indem der Scheidungsgrund der Zerrüttung neben die Scheidungsgründe des Bürgerlichen Gesetzbuches treten sollte, hätte man das Scheidungsverfahren nicht nur wahrhaftiger gemacht, dieser Einschnitt wäre auch dem sozial schwächeren Ehepartner, also meistens der Frau, zugute gekommen. Neben dem Konnex mit einem die Wirklichkeit der ehelichen Verhältnisse nie zureichend erfassenden gerichtlichen Schuldspruch sollten die Gesichtspunkte der "Billigkeit" und der "Bedürfnisse" für den Unterhalt ausschlaggebend sein. Damit hätte auch im Scheidungsfolgenrecht das Kriterium der Gerechtigkeit Einzug gehalten.

Die Reformbestrebungen im Reichstag scheiterten jedoch letztlich am Widerstand des Zentrums, das in jedem Abrücken vom Verschuldensprinzip eine Schwächung der Institution Ehe sah und deshalb auch moderate Veränderungen, wie das Einführen eines auf die objektive Zerrüttung der Ehe abstellenden Tatbestandes, verhinderte.

Damit hatte die Rechtswissenschaft die anstehende Aufgabe gesehen. Die Politik verhinderte jedoch ihre Erfüllung.

---

513 Hierbei handelte es sich um behördeninterne Vorarbeiten die als "vorläufige unverbindliche Grundlinien eines Gesetzes zu Änderung der Vorschriften des Bürgerlichen Gesetzbuches über die Ehescheidung" von G. Radbruch als Justizminister am 12.1.1922 zur Stellungnahme an sämtliche Landesregierungen geschickt wurden; abgedruckt bei W. Schubert, Die Projekte der Weimarer Republik, S. 455.

514 Abgedruckt bei W. Schubert, Die Projekte der Weimarer Republik, S. 598.

L. Ende der Emanzipation im Dritten Reich

Das menschenverachtende System der neuen Gewalthaber stellte die Ehe in den Dienst seiner weltanschaulichen und politischen Ziele. Sie sollte durch Veränderung der bestehenden Wertgrundlagen zur Durchsetzung der Bevölkerungspolitik nutzbar gemacht werden. Dabei verlor das Individuum in der auf dem Sippen- und Rassengedanken aufbauenden Machtideologie seinen Wert[515]. Die individualistisch-liberale, vom Gleichheitsprinzip getragene Gesellschaft der Weimarer Reichsverfassung wurde durch das Weltanschauungspostulat des Nationalsozialismus, in der das Individuum nur noch als Glied der Gemeinschaft zählte, abgelöst[516]. Die grundsätzlich gewandelte Auffassung kommt zudem anschaulich darin zum Ausdruck, daß man den nationalsozialistischen Gesetzgeber – trotz formaler Geltung – nicht mehr an die durch Art. 119 WRV gewiesene Grundrichtung gebunden sah[517].

Für die Frau lag die Konsequenz der nationalsozialistischen Anschauung in der Ablehnung der auf freiheitlich individualistischem Gedankengut beruhenden Emanzipationsbestrebungen[518]. Die neue Ehekonzeption mit der Folge ihrer Entprivatisierung[519] ließ keinen Raum für die Weiterentwicklung der fortschrittlichen Ansätze der Weimarer Zeit[520]. Oberster Grundsatz war nun die rassenpolitische Zielverfolgung[521]. Die Zeugung von reinrassigem Nachwuchs war nicht nur Sinn und Zweck der Ehe, sondern wurde als "Pflicht gegenüber dem echten Sippen- wie dem Gemeinschaftsgedanken"[522] aufgefaßt. Seinen rechtlichen Nieder-

---

515 H. Hattenhauer, Grundlagen, Rdn. 633; H. Holzhauer, Die Scheidungsgründe in der nationalsozialistischen Familienrechtsgesetzgebung, S. 53 (60).

516 Th. Ramm, Das nationalsozialistische Familienrecht, S. 45.

517 RGRK-Hallamik, 9. Aufl., Bem. 4 vor § 1297.

518 Am deutlichsten: A. Rosenberg, Blut und Ehre, S. 222 f. und Mythus, S. 512, der eine "Emanzipation der Frau von der Frauenemanzipation" forderte.

519 B. Rüthers, Die unbegrenzte Auslegung, S. 401.

520 Gleichwohl wurden die Reformarbeiten von der Akademie für Deutsches Recht zunächst fortgesetzt. (Vgl. dazu den Arbeitsbericht des Ausschußvorsitzenden G. Boehmer, in: Jahrb. der AKDR, 1939/40, S. 62-81.).

521 Richtungsweisend war die ständig zitierte Ansicht A. Hitlers, Mein Kampf, S. 275 f.: "Auch die Ehe kann nicht Selbstzweck sein, sondern muß dem einen größeren Ziele, der Vermehrung und Erhaltung der Art und Rasse dienen."

522 H. Lange, in: Frank, NS-Handbuch, S. 933 (954).

schlag fand diese Auffassung mit dem Erlaß des Ehegesetzes vom 6. Juli 1938[523]. Ausdrücklich heißt es in der amtlichen Begründung zum EheG 38: "Eine solche Betrachtung[524] ist unvereinbar mit der liberalistischen, die in der Ehe eine vertragsartige Zweckverbindung zur Verwirklichung individueller Interessen sieht."[525]

Bei der Veränderung des Ehebildes entsprechend der nationalsozialistischen Ideologie stand nicht mehr die in Weimar geforderte individuelle Gerechtigkeit zur Debatte, sondern allein der objektive Nutzen, den die Ehe durch ihren Beitrag zur Bevölkerungsmehrung leisten sollte. Folge der neuen Auffassung waren "Verzicht auf freie Lebensgestaltung" und "Unterordnung des Freiheitsgedankens"[526]. Für die Frau bedeutete dieses "völkische Ideal" notwendigerweise die Rückführung in ihre überkommene Stellung in der Ehe. Dabei zeigt sich die frauenfeindliche Tendenz gerade in der Ausschließlichkeit der der Frau zugedachten Rolle, die ihr die Mutterschaft nahezu aufoktroyierte.

Im Verlauf des Zweiten Weltkrieges entfernte sich der nationalsozialistische Staat von seiner ursprünglichen Ehekonzeption. Ziel war es nun nicht mehr, die Frau zu Ehe und Familie zu bewegen. Im Vordergrund stand nur noch ihre Gebärfunktion. Anhand der radikalisierten Überlegungen der Reichsführung zur Einführung der Doppelehe für verdiente Frontkämpfer[527] oder der Absicht, alle ledigen und verheirateten Frauen, die bis zum 35. Lebensjahr nicht vier Kinder hatten, zur Zeugung zu verpflichten[528], veranschaulicht sich deutlich der Wert der Frau innerhalb der nationalsozialistischen Ideologie und Bevölkerungspolitik.

I. Auswirkungen der nationalsozialistischen Ideologie auf die Rechtsbeziehungen der Ehegatten zueinander

Der Nationalsozialismus bedeutete für das Verhältnis der Geschlechter zueinander nicht nur eine Stagnation der Bemühungen, die Frau aus ihrer unterdrückten Stellung zu befreien, sondern es trat eine Rückentwicklung in vergangene Zeiten ein. Die familienrechtlichen Regelungen des Bürgerlichen Gesetzbuches galten

523 RGBl. I, S. 807 ff.

524 Lies: Die Nationalsozialistische.

525 DJ 1938, S. 1102 (1107). Neu abgedruckt bei N. Schubert, Familien- und Erbrecht unter dem Nationalsozialismus, S. 143 (154).

526 H. Lange, in: Frank, NS-Handbuch, S. 933 (954).

527 C. König, Die Frau im Recht des Nationalsozialismus, S. 12 m.w.N.; Th. Ramm, Das nationalsozialistische Familien- und Jugendrecht, S. 15 m.w.N.

528 Th. Ramm, FS-Fraenkel, S. 151 (169) m.w.N.

zwar zunächst unverändert weiter[529]. Mit der nationalsozialistischen Ideologie bekamen sie jedoch eine neue Legitimation.

Die Begründung für die patriarchale Struktur lag nun in der Übertragung des Führerprinzips der politischen Ordnung auf die Familienverfassung[530]. In der Literatur wurde diese weltanschaulich vorbestimmte Auffassung schon bald nach der Machtübernahme (auch von Frauen) zur Rechtfertigung des § 1354 BGB i.d.F. von 1900 herangezogen[531]. Doch trotz der nationalsozialistischen Indoktrination gab es auch widersprechende Ansichten von Juristinnen, die weiterhin für eine zu verbessernde Rechtsstellung der Frau eintraten. So argumentierte Ilse Eben-Servaes zwar mit der hohen Stellung, die der Nationalsozialismus der Frau als Hüterin der jungen Generation gegeben habe, das Führerprinzip sei jedoch nicht auf die Familie anzuwenden, da es vom gekorenen und nicht vom geborenen Führer ausginge[532].

Während man die Frau als Mutter ideell aufwertete[533], gab es jedoch keine Frauenrechte, die ihrer angeblichen Bedeutung entgegenkamen. Eine minimale Verbesserung stellte lediglich ihre Beteiligung am Ehekonsens dar, die man auch noch besonders hervorhob als "eine Regelung, die allein der heutigen Auffassung von der Stellung der Frau und Mutter in der Familie entspricht."[534] Ansonsten begegnete der Frau in ihrer rechtlichen Position eher eine Geringschätzung. Besonders kraß stellen sich die Ausführungen Triebels dar: "Kaum eine Ehefrau kümmert sich um die ihr vom Gesetz eingeräumten Rechte. Sie tut, was Jahrhunderte Frauen vor ihr getan haben und nach ihr tun werden, weil es ihre Weiblich-

529 Um nationalsozialistisches Gedankengut, wie die Verhinderung eugenisch unerwünschter Ehen und die Einschränkung der Eheschließungsfreiheit aus rassischen Gründen in das Familienrecht einzuführen, wurden vor allem zwei Gesetze erlassen: das Nürnberger Gesetz zum Schutze des deutschen Blutes und der deutschen Ehre vom 15.9.1935 (RGBl. I S. 1146) und das Gesetz zum Schutze der Erbgesundheit des deutschen Volkes vom 18.10.1935 (RGBl. I S. 1246). Ausführliche Literaturnachweise dazu bei W. Schubert, Das Familien- und Erbrecht unter dem Nationalsozialismus, Einleitung S. 26 f.

530 D. Coester-Waltjen, StAZ 1992, S. 34 (36); Th. Ramm, FS Fraenkel, S. 151 (158).

531 Anneliese Kleinewerfers, Ehefrau und ehemännliches Entscheidungsrecht, S. 28; H. Triebel, Die wirtschaftliche Stellung der deutschen Ehefrau, S. 60.

532 I. Eben-Servaes, DR 1934, S. 91 (92). Ebenfalls hielt Liselotte Bommert (Gemeinschaftliche und persönliche Angelegenheiten der Ehegatten, S. 49) die Ehegemeinschaft mit dem Führerprinzip für unvereinbar.

533 So z.B. durch die feierliche Begehung des seit 1933 reichseinheitlich auf den zweiten Sonntag im Mai gelegten Muttertages (vgl. dazu D. Klinksiek, Die Frau im NS-Staat, S. 84 m.w.N.) und durch die Stiftung des Ehrenkreuzes der Deutschen Mutter (VO vom 16. Dez. 1938, RGBl. I, S. 1923).

534 Amtliche Begründung zum EheG 38 in: DJ 1938, S. 1102 (1103) und W. Schubert, Das Familien- und Erbrecht unter dem Nationalsozialismus, S. 143 (145).

keit so will."[535] Maßstab und Umfang ihrer Selbständigkeit sei allein das Wohl ihrer Familie.

Damit erfuhr die Hausfrauenehe im Nationalsozialismus nicht nur ihre Bestätigung; die Erwerbstätigkeit der Frau wurde als bevölkerungspolitische Gefahr betrachtet, weil man dadurch die Frau ihrem eigentlichen Beruf als Mutter entfremdet sah[536]. Nach Ansicht Hitlers sollte ihr Dasein auf Kinder und Haushalt reduziert werden: "Wenn man sagt, die Welt des Mannes ist der Staat, die Welt des Mannes ist sein Ringen, die Einsatzbereitschaft für die Gemeinschaft, so könnte man vielleicht sagen, daß die Weit der Frau eine kleinere sei. Denn ihre Welt ist ihr Mann, ihre Familie, ihre Kinder und ihr Haus."[537]

Haushalt und Kindererziehung wurden aber nicht nur dem Willen und Wunsch der Frau, sondern eben auch ihrem Intellekt entsprechend dargestellt[538]. Ziel dieser Auffassung war es letztlich, den Arbeitsmarkt zu entlasten und die Bevölkerungspolitik wirkungsvoll anzukurbeln.

Diese Bestrebungen fanden ihren rechtlichen Niederschlag in Abschnitt V ("Förderung der Eheschließung") des Gesetzes zur Verminderung der Arbeitslosigkeit vom 1. Juni 1933[539].

Unter den Voraussetzungen, daß die Ehefrau bisher gearbeitet hatte, die Arbeit mit der Verheiratung aufgab und sich verpflichtete, keine neue Arbeit aufzunehmen, konnten deutsche Reichsangehörige anläßlich ihrer Eheschließung ein unverzinsliches Darlehen in Höhe von 1.000,-- RM in Anspruch nehmen[540]. Die Tilgung des Darlehens war nach Maßgabe von Zahl und Raschheit der Geburten erleichtert[541]. Mit diesem sozialpolitischen Instrumentarium versuchte der nationalsozialistische Gesetzgeber, in der Zeit wirtschaftlicher Rezession Frauen aus dem Arbeitsleben auszugliedern und entgegen der Entwicklung der vergangenen

---

535 H. Triebel, Die wirtschaftliche Stellung der deutschen Ehefrau, S. 61.

536 A. Rosenberg, Der Mythus, S. 512.

537 A. Hitler, zit. nach H. Triebel, Die wirtschaftliche Stellung der deutschen Ehefrau, S. 65.

538 So meint A. Rosenberg, Der Mythus, S. 483, "daß der Mann auf allen Gebieten der Forschung, Erfindung und Gestaltung den Weibe überlegen ist, dessen Wert aber auf dem ebenso wichtigen, alles andere voraussetzenden Wert der Blutserhaltung und Rassenvermehrung beruht."

539 RGBl. I, S. 323 ff.; vgl. dazu ausfuhrlich C. König, Die Frau im Recht des Nationalsozialismus, S. 14 ff. Dem zeitgenössischen Sprachgebrauch entsprechend, soll das Gesetz im folgenden Gesetz zur Förderung der Eheschließung genannt werden.

540 § 1 Abs. 1 des Gesetzes zur Förderung der Eheschließung.

541 Nach § 8 Abs. 1 und Abs. 2 der ersten Durchführungsverordnung zur Gewährung von Ehestandsdarlehen vom 20. Juni 1933 (RGBl. I, S. 377 ff.), bestand aufgrund der Stundungs- und Rückzahlungsmodalitäten theoretisch die Möglichkeit, bei der Geburt von vier Kindern im Abstand von jeweils 12 Monaten, praktisch zu einer Schenkung zu gelangen.

Jahrzehnte in ihre althergebrachte Rolle als Ehefrau und Mutter zu drängen. Über den wirtschaftlichen Ansatzpunkt sollte das gesellschaftspolitische Ideal manifestiert werden.

Daß die Belange der Frau dabei keine Rolle spielten, beweist eine von Ramm[542] aufgeworfene Frage, die in der nationalsozialistischen Ehekonzeption unbeantwortet blieb: Welche spezifischen Aufgaben sollten der schon früh zur Ehe gedrängten Frau, die aufgrund des Ehestandsdarlehens die Geburtenfolge in die ersten Ehejahre verlegt hatte, nach Erziehung der Kinder zukommen? Bis zu ihrem Tode verblieben ihr nach der damaligen Lebenserwartung ca. 20 Jahre.

Die militärische Aufrüstung und der Zweite Weltkrieg mit der Folge, daß Frauen erneut in das Erwerbsleben eingegliedert wurden, schoben die Beantwortung der Frage zunächst hinaus. Der Zusammenbruch des Dritten Reiches ließ sie gegenstandslos werden.

II. Reformbestrebungen im ehelichen Güterrecht

Unter dem Nationalsozialismus kam es zwar nicht zu einer Änderung des ehelichen Güterrechts, doch wurde an eine Reform gedacht und auch daran gearbeitet. Man hielt den Güterstand der Verwaltung und Nutznießung für "zu stark auf den Eigennutz des Mannes ausgerichtet."[543] Zudem beinhalte das bestehende gesetzliche Güterrechtssystem "eine ganz unverständliche Schlechterstellung der Hausfrau gegenüber der erwerbstätigen Ehefrau", und mittlerweile habe auch der Mann einzusehen, "daß sein Verdienst erst durch die Besorgung des Hauswesens durch die Ehefrau möglich gemacht ist."[544]

Die Akademie für Deutsches Recht war ebenfalls der Meinung, es entspreche "deutscher Art, die Selbständigkeit der Frau zu achten", und sprach sich für die Einführung der "Zugewinstgemeinschaft" aus[545]. Von der inhaltlichen Ausgestaltung stimmte diese Reformüberlegung mit der Forderung der Weimarer Frauenbewegung überein. So sollte der "Zugewinst ... jedem Ehegatten bei der Auseinandersetzung zur Hälfte zugewiesen" werden. "Auch wo die Ehe zerbricht und durch Scheidung aufgelöst werden muß, sollte der Ehegewinn unter die beiden Ehegatten verteilt werden", unabhängig von der Schuldfrage. Maßgeblich hierfür

542 Th. Ramm, Das nationalsozialistische Familienrecht, S. 46.

543 H. Lange, in: Frank, NS-Handbuch, S. 933 (953).

544 H. Triebel, Die wirtschaftliche Stellung der deutschen Ehefrau, S. 57.

545 W. Felgentraeger, Jahrb. der AKDR 1937, S. 71 (76 ff.); dort auch alle folgenden Zitate. Im Schrifttum, daß auch mehrheitlich für eine Änderung eintrat, überwog die Befürwortung der Errungenschaftsgemeinschaft, teilweise in abgewandelter Form; vgl. statt vieler: Soergel, 6. Aufl., Bem. 1 vor § 1363 m.w.N.

war die schon in Weimar gewonnene Erkenntnis, daß "sich nur in den seltensten Fällen wirklich die Gründe einer unheilbaren Entzweiung aufdecken lassen." Daher hielt man es für mißlich, an die Scheidung "solch schwere wirtschaftliche Folgen zu knüpfen, wie sie der Ausschluß von der Zugewinstbeteiligung – ganz besonders für die ohnehin wirtschaftlich am meisten gefährdete Frau – " darstellen würde.

Diese schon frauenfreundliche Argumentation wurde noch durch die Rechtfertigung der bisherigen Erwägungen übertroffen, die eher individualistisch anmuten als von nationalsozialistischen Gedankengut getragen: Bestimmend für die Regelung der Auseinandersetzung sei, "daß der bei der Ehescheidung vorhandene Gewinn das Werk beider Ehegatten ist und daß es ... nicht als ungerecht angesehen werden kann, wenn jeder der beiden Auseinandergehenden nun auch seine Hälfte bekommt."[546] Es wurde aber nicht nur das Argument der Gerechtigkeit aus der Weimarer Zeit übernommen, sondern Felgentraeger räumte auch freimütig ein, daß diese Reformvorschläge "von liberalen Gedankengängen beeinflußt waren, die die »Befreiung der Frau«" verlangt hatten.[547]

Gerade aber die Befreiung der Frau stand nicht im Vordergrund der Reformerwägungen. Hauptziel war es vielmehr, die Ehe attraktiver zu gestalten. Die Verbesserung der Position der Frau im gesetzlichen Güterstand war somit eine Zweckmäßigkeitserwägung, um Frauen zur Eheschließung und damit zur Ehegestaltung nach nationalsozialistischem Vorbild zu bewegen. Eine verbesserte güterrechtliche Stellung hatte lediglich zum Ziel, die Frau aus dem Erwerbsleben herauszuziehen. Dies macht Felgentraeger unmißverständlich klar: "Gerade weil der ganze Einsatz der Frau im Hause für das gesamte volkliche Dasein so unentbehrlich scheint, wird ja ihre Teilnahme am Erwerbsleben außerhalb des Hauses in steigendem Maße auf die eigentlichen Frauenberufe beschränkt. Um so mehr wird man aber auch die freiwillige Einordnung der wirtschaftlichen Kräfte der Frau innerhalb der Ehe fördern müssen."[548]

Damit stand hinter dieser Auffassung nicht die vordergründig angeführte Gerechtigkeitserwägung, sondern die Durchsetzung der nationalsozialistischen Ehekonzeption. Bei tatsächlicher Verwirklichung hätte die gesteigerte Rechtsposition

---

546 W. Felgentraeger, Jahrb. der AKDR 1937, S. 71 (78).

547 W. Felgentraeger, Jahrb. der AKDR 1937, S. 71 (79).

548 W. Felgentraeger, Jahrb. der AKDR 1937, S. 71 (79). Diese Bestrebung des Nationalsozialismus hatte bereits Gfrörer, DR 1934, S. 151 (152), deutlich ausgesprochen, jedoch als Ziel der Errungenschaftsgemeinschaft: "Von anderen Gründen abgesehen, durfte gerade unser Ziel, die Frau ins Haus zurückzuführen, diesen Güterstand als den regelmäßigen rechtfertigen, da ihr der eigene Erwerb unmöglich gemacht wird, wenn sie zum Wohl der Familie und damit des Volkes ihre Kräfte ausschließlich dem Hausstand und der Kindererziehung widmet."

im gesetzlichen Güterstand lediglich eine Entschädigung für die verlorene Position im Erwerbsleben dargestellt.

III. Auswirkung des EheG 38 auf die Stellung der Frau

Am 6. Juli 1938 wurde das "Gesetz zur Vereinheitlichung des Rechts der Eheschließung und Ehescheidung im Lande Österrerreich und im übrigen Reichsgebiet," verkündet[549], mithin das einzige große Zivilgesetz in zwölf Jahren nationalsozialistischer Herrschaft. Hierin mischten sich altliberale Forderungen mit den Bestrebungen des damaligen Staates[550]. Soweit im EheG 38 das Scheidungsrecht neu geregelt wurde, begnügte man sich mit geringfügigen Abweichungen von der Rechtslage nach dem Bürgerlichen Gesetzbuch, indem der Gesetzgeber sich auf eine Um- und Fortbildung der bisherigen Scheidungsgründe beschränkte. Das Verschuldensprinzip wurde dabei als maßgeblicher Kern beibehalten[551]. Daneben fand jedoch das Zerrüttungsprinzip in Gestalt des § 55 EheG 38 Eingang in die Gesetzgebung.

1. Zerrüttungsprinzip

Die für eine Änderung der Rechtsposition der Frau entscheidende Novation lag somit in dem Zerrüttungstatbestand. Nach § 55 Abs. 1 EheG 38 war es nun möglich, eine Ehe unabhängig von der Frage etwaigen Verschuldens zu scheiden,

549 RGBl. I, S. 807.

550 H. Lange, Kontinuität und Diskontinuität, S. 355 (365).

551 Nach den EheG 38 ergab sich folgende Situation: § 47 Abs. 1 EheG 38 ermöglichte die Scheidung bei Ehebruch durch den anderen Gatten; § 48 EheG 38 bei Verweigerung der Fortpflanzung; § 49 EheG faßte die im Bürgerlichen Gesetzbuch bisher einzeln aufgezählten besonderen Eheverfehlungen zusammen und vereinigte sie mit der Generalklausel des § 1568 BGB i.d.F. von 1900: Danach konnte ein Ehegatte die Scheidung begehren "wenn der andere durch eine sonstige schwere Eheverfehlung oder durch ehrloses oder unsittliches Verhalten die Ehe schuldhaft so tief zerrüttet hat, daß die Wiederherstellung einer ihrem Wesen entsprechenden Lebensgemeinschaft nicht erwartet werden kann." Die verschuldensunabhängigen Scheidungsründe erfuhren ebenfalls eine Erweiterung. Neben der Scheidung wegen Geisteskrankheit (§ 51 EheG 38) trat nun noch § 50 EheG 38 (Scheidung wegen auf geistiger Störung beruhendem Verhalten), § 52 EheG 38 (Scheidung wegen ansteckender oder ekelerregender Krankheiten) und § 53 EheG 38 (Scheidung wegen Unfruchtbarkeit). Vgl. dazu ausführlich: C. König, Die Frau im Recht des Nationalsozialismus, S. 55 ff.; E. Wolf/ G. Lüke/ H. Hax, Scheidung und Scheidungsrecht, S. 78 ff.

wenn 1. eine dreijährige Aufhebung der ehelichen Gemeinschaft vorlag und 2. damit eine unheilbare Zerrüttung des ehelichen Verhältnisses gegeben war, die eine Wiederherstellung einer dem Wesen der Ehe entsprechenden Lebensgemeinschaft nicht erwarten ließ.

Ganz konsequent wurde das objektive Zerrüttungsprinzip jedoch nicht eingeführt. Es blieb in das Verschuldensprinzip eingebunden und hatte rechtsethische Grenzen. So war in § 55 Abs. 2 S. 1 EheG 38 ein Widerspruchsrecht des beklagten Ehegatten für den Fall vorgesehen, daß der die Scheidung begehrende Ehepartner die Zerrüttung ganz oder überwiegend verschuldet hatte[552]. Der Widerspruch gegen das Scheidungsbegehren war jedoch nur dann beachtlich, "wenn die Aufrechterhaltung der Ehe bei richtiger Würdigung des Wesens der Ehe und des gesamten Verhaltens beider Ehegatten sittlich gerechtfertigt" war[553].

In der amtlichen Begründung wurde diese neue Vorschrift mit einer klaren Rollenverteilung ausgefüllt. Man ging davon aus, daß der Mann die Scheidungsklage, gestützt auf § 55 EheG 38, einreicht[554] und das Widerspruchsrecht daher zum Schutze der Frau formuliert sei[555]. Daraufhin aber wurde dann die Einschränkung des Widerspruchrechts aus § 55 Abs. 2 S. 2 EheG 38 ausdrücklich mit einem Beispiel aus der Interessenssphäre des scheidungswilligen Mannes begründet[556].

---

552 Hierin liegt der entscheidende Unterschied zu den Vorschlägen der Weimarer parlamentarischen Reformbewegung, die seinerzeit dem an der Zerrüttung schuldigen Ehegatten ein Antragsrecht generell verweigern wollte.

553 § 55 Abs. 2 S. 2 EheG 38.

554 Die tatsächliche Rollenverteilung entsprach wohl dieser "Prognose". In der veröffentlichten höchstrichterlichen Rechtsprechung zu § 55 EheG 38 ist keine Entscheidung zu finden, die auf einer Scheidungsklage der Frau beruht; vgl. K. Frantz, NJW 1949 S. 448 (448); C. König, Die Frau im Recht des Nationalsozialismus, S. 78 Fn. 272.

555 DJ 1938, S. 1102 (1109): "Diese Vorschrift bedurfte indessen einer Einschränkung, damit nicht ein Ehegatte durch schwere Eheverfehlungen die Zerrüttung herbeiführen und nach dreijähriger Trennung von dem anderen Ehegatten die Scheidung begehren kann. Wäre dies möglich, so würde namentlich ein Ehemann, der von seiner Frau nur loskommen will, weil er eine jüngere und reizvollere gefunden hat, das Ziel der Vereinigung mit dieser anderen Frau durch eine Art Verstoßung der ersten Frau erreichen können."

556 DJ 1938, S. 1102 (1109): "Hat z.B. ein Ehegatte dadurch, daß er ein ehewidriges Verhältnis mit einer anderen Frau begann, seine eigene Frau zum Verlassen der häuslichen Ehegemeinschaft gebracht, später aber seinen Fehltritt bereut und besten Willen gezeigt, wieder ein rechtes Eheleben zu beginnen, so kann es sittlich ungerecht erscheinen, wenn gleichwohl seine Frau einerseits auf ihrem Trennungswillen beharrt und andererseits sich doch weigert, auf eine Scheidung einzugehen."

Die entscheidende Frage war damit, ob im Einzelfall die Scheidung oder die Aufrechterhaltung der Ehe "sittlich" gerechtfertigt sei. Der Senatspräsident des Reichsgerichts, Jonas, führte hierzu mahnend an: "Daß bei der Scheidung in der Regel die Frau der Teil ist, der sowohl materiell wie ideell das Opfer bringt, liegt in der Natur der Dinge – sie war es, die bei Eingehung der Ehe ihren bisherigen Lebenskreis, ihren Beruf usw., aufgegeben hatte, und sie ist es, die durch die Scheidung erneut aus ihrem Lebenskreise herausgerissen wird. Sie wird gezwungen, ihren lebenfüllenden Beruf als Ehefrau, als Hausfrau und Betreuerin der Familie aufzugeben und sich eine neue selbständige Lebensgrundlage zu schaffen, während für den Mann Veränderungen in seiner beruflichen Tätigkeit oder der sonstigen wirtschaftlichen Grundlage seiner Lebensführung nicht eintreten. Gewiß hat die Frau, namentlich was die wirtschaftliche Seite anlangt, ein gut Teil des Opfers zumeist schon bei der Trennung gebracht, und das Opfer, das von ihr jetzt bei der Überführung des tatsächlichen Trennungszustandes in die rechtliche Lösung des Ehebandes verlangt wird, liegt jetzt vielfach nur noch auf ideellem Gebiet – darum ist es aber häufig nicht geringer. Das darf man niemals außer acht lassen."[557]

Die bisher vorgenommenen Auswertungen der höchstrichterlichen Rechtsprechung zu § 55 EheG 38 haben jedoch gezeigt, daß das Reichsgericht es dennoch außer acht gelassen hat[558]. Vielmehr wurde § 55 EheG 38 von dem zuständigen 4. Senat weitestgehend in den Dienst der nationalsozialistischen Bevölkerungspolitik gestellt[559]. Die generalklauselartigen unbestimmten Rechtsbegriffe ermöglichten dabei die ideologisch vorbestimmte Auslegung[560]. Die Aufrechterhaltung der Ehe war dann nicht mehr sittlich gerechtfertigt, wenn der nationalsozialistische Ehezweck nicht mehr gegeben war. Inbegriff dieser Rechtsprechung waren zwei ständig wiederholte Leitsätze[561]:

1. Der Widerspruch nach § 55 Abs. 2 EheG 38 ist in der Regel unbeachtlich, nur ausnahmsweise ist die Ehe aufrechtzuhalten[562].

---

557 M. Jonas, in: FS-Bumke, S. 203 (208).

558 Mit der Rechtsprechung zu § 55 EheG 38 haben sich ausführlich beschäftigt: K. Frantz, NJW 1949, S. 448-450; M. Gordon, Das Wesen der Ehe, S. 209-215; C. König, Die Frau im Recht des Nationalsozialismus, S. 82-107; R. Mestwerdt, Das Sozialbild der Ehe, S. 117-120; B. Rüthers, Die unbegrenzte Auslegung, S. 408-411.

559 B. Rüthers, Die unbegrenzte Auslegung, S. 408.

560 Das Scheidungsbegehren wurde daraufhin beurteilt, ob es "bei richtiger Würdigung des Wesens der Ehe ... sittlich ... gerechtfertigt ist." (§ 55 Abs. 2 S. 2 EheG 38).

561 Vgl. die zahlreichen Nachweise bei E. Wolf/ G. Lüke/ H. Hax, Scheidung und Scheidungsrecht, S. 85, Fn. 284.

562 Nach der Satzstellung der Gesetzesbestimmung lag jedoch das umgekehrte Verhältnis von Regel und Ausnahme nahe.

2. Das öffentliche Interesse an Scheidung oder Aufrechterhaltung der Ehe tritt gegenüber dem individuellen Interesse der Ehegatten in den Vordergrund.

Das Allgemeininteresse war dabei gleichzusetzen mit der Bedeutung der Ehe für die Volksvermehrung. Bevölkerungspolitischer Utilitarismus und biologisches Zweckdenken beherrschten die Entscheidungen[563]. In erster Linie mußten die Belange der Frau dahinter zurückstehen. § 55 EheG 38 wurde in der Regel scheidungsfreudig angewandt, wenn aus der vom Ehemann angestrebten neuen Verbindung Nachkommenschaft zu erwarten war[564], auch wenn nur eine vage Aussicht darauf bestand[565]. Obwohl der Widerspruch verdeutlichte, daß es für die Frau von Interesse war, die Ehe aufrechtzuerhalten, setzte sich die Rechtsprechung über die geäußerten Wünsche hinweg und bestimmte die Interessenlage der Frau aus eigener Warte. So liege die Scheidung trotz Widerspruchs der Frau im "wohlverstandenen Interesse der Beklagten"[566]. Wenig Bestandsschutz genossen ebenfalls Ehen, in denen die Frau auch nur geringfügig älter war als der Mann[567].

Die Kontinuität der bevölkerungspolitischen Argumentation sorgte jedoch dafür, daß § 55 EheG 38 nicht vollends zur "Frauenfalle" degenerierte. Beachtung fand der Widerspruch der Frau bei einer neuangestrebten Verbindung des gealterten Mannes. Wegen der geringen Aussicht auf Nachkommenschaft lehnte das Reichsgericht in solch gelagerten Fällen eine Scheidung nach § 55 EheG 38 ab[568]. Ansonsten konnte lediglich die "kinderreiche Mutter" mit einer Beachtung ihres Widerspruchs rechnen[569].

Die Einführung eines zerrütungsabhängigen Tatbestandes entsprach den längst fälligen Reformforderungen. Hinsichtlich des Wortlautes und der Konzeption kann § 55 EheG 38 weitgehend als Verwirklichung des Reformanliegens der Weimarer Republik angesehen werden. Entscheidend für die Frau war jedoch die

---

563 B. Rüthers, Institutionelles Rechtsdenken, S. 26.

564 Vgl. die zahlreichen Nachweise zur Umwandlung ehebrecherischer Beziehungen in "ordnungsmäßige und nicht selten für das Volk wertvolle Ehen", bei G. v.Scanzoni, DR 1940, S. 753 (761).

565 RGZ 160, S. 15 (19); 160, S. 140 (144).

566 RGZ 162, S. 44 (45).

567 Selbst ein Altersunterschied von 3 Jahren wurde als "naturwidrig" angesehen; vgl. die Nachweise bei M. Gordon, Das Wesen der Ehe, S. 214, Fn. 2.

568 RGZ 159, S. 111 (114); 159, S 305 (311).

569 "In der kinderreichen Mutter sieht die nationalsozialistische Auffassung die wesentliche Trägerin der völkischen Zukunft. An den Schutz ihrer Belange hat die Volksgemeinschaft ein starkes Interesse, und es wird in der Regel nicht angehen, ihr, nachdem sie alt geworden und dazu durch die Geburten gesundheitlich geschädigt worden ist, die Lebensgrundlage zu entziehen." (RG DR 1940, S. 1480, Nr. 12.).

Auslegung, die § 55 EheG 38 unter Zugrundelegung der nationalsozialistischen Eheauffassung erhielt. Sie führte zu einer Benachteiligung der Frau und diente bisweilen indirekt zu einer Befreiung ehemüder Männer. Hierin liegt auch der krasse Widerspruch zu den parlamentarischen Reformanliegen der Weimarer Republik. Die Reformautoren der Weimarer Republik wollten dem schuldigen Ehegatten ein Antragsrecht aus Gründen individueller Gerechtigkeit generell verweigern. Im veränderten Wertesystem des Nationalsozialismus standen persönliche Belange nur dann einer Ehescheidung entgegen, wenn sie mit dem Anliegen der Allgemeinheit zusammenfielen. Leidtragende waren die an der Ehe festhaltenden Frauen, deren Wünsche hinter dem biologischen Zweckdenken zurückstehen mußten. Die Betrachtung des Scheidenfolgenrechts wird verdeutlichen, warum viele Frauen an der oft bedeutungslos gewordenen Ehe festhalten mußten.

2. Scheidungsfolgen

Mit der Voranstellung der Verschuldensscheidung stand das EheG 38 noch weitgehend in der Tradition des Bürgerlichen Gesetzbuches i.d.F. von 1900. Das Scheidungsfolgenrecht änderte hingegen die Rechtsstellung der Frau erheblich.

a. Untersagung der Namensführung

Ohne Vorbild war § 65 EheG 38. Unter den Voraussetzungen, daß "die Frau sich nach der Scheidung einer schweren Verfehlung gegen den Mann schuldig" gemacht oder "gegen seinenen Willen einen ehrlosen oder unsittlichen Lebenswandel" geführt hatte, konnte das Vormundschaftsgericht, auf Antrag des Mannes ihr die Weiterführung seines Namens untersagen[570]. Die Untersagung der Namensführung unterlag keiner Frist[571] und stand nach dem Tode des Mannes dessen nahen Angehörigen zu[572]. Zudem bestand dieses Recht unabhängig von der Schuldfrage bei der Ehescheidung[573].

In der amtlichen Begründung heißt es, daß "Rücksicht auf den Mann und seine Sippe" eine solche Regelung gebiete[574]. Nach Scanzoni sollte die Norm "einen Schutz dagegen gewähren, daß die im übrigen nach der Scheidung an keine

570 § 65 Abs.1 S.1 EheG 38.
571 G. v. Scanzoni, 2. Aufl., § 65, Rdn. 2.
572 § 65 Abs. 1 S. 2 EheG 38.
573 F. Maßfeller, § 65, Bem. 3a.
574 DJ 1938, S. 1102 (1110).

Pflichten ihm gegenüber mehr gebundene Frau ihre Freiheit zum Schaden des Mannes mißbraucht"[575].

Damit ermöglichte dieses Instrumentarium gewissermaßen die Ausdehnung des ehelichen Entscheidungsrechts auf das nacheheliche Leben. Die immer noch mit einem Makel verhaftete Tatsache, eine "Geschiedene" zu sein, konnte nun ohne Unterschied, ob allein- oder überwiegend schuldig[576] oder schuldlos geschieden, publik gemacht werden. Das Verhalten der Frau war weiterhin einer lebenslangen "sittenwächterlichen Kontrolle"[577] ihres Ex-Ehemannes unterworfen.

Die im persönlichen Eherecht und Ehegüterrecht bestehende Vormachtsstellung wurde auch für das Scheidungsfolgenrecht übernommen und fortgeführt.

b. Nachehelicher Unterhaltsanspruch

Die vermögensrechtlichen Folgen der Ehescheidung blieben durch das EheG 38 ebenfalls nicht unverändert. Die Unterhaltspflicht des Mannes bei Scheidung wegen Verschuldens wurde in § 66 Abs. 1 EheG 38 geregelt, der an die Stelle des § 1578 BGB i.d.F. von 1900 trat. Dabei milderte man die Rigorosität des Bürgerlichen Gesetzbuches insoweit ab, als nun der Anspruch auf Unterhalt sowohl bei Alleinschuld als auch bei überwiegendem Verschulden gewährt wurde[578].

Die wichtigste und einschneidendste Novation war jedoch zum Nachteil der geschiedenen Frau gestaltet. Während sie sich bisher eine Kürzung ihres Unterhalts um das Einkommen aus einer Erwerbstätigkeit nur gefallen lassen mußte, wenn eine solche Tätigkeit nach den Verhältnissen, in denen die Ehegatten gelebt hatten, üblich war, so mußte sie die Kürzung oder gar den Wegfall des Unterhalts nach § 66 Abs. 1 EheG 38 schon dann hinnehmen, wenn eine Erwerbstätigkeit von ihr den Umständen nach erwartet werden konnte. Die ansonsten aufgrund der nationalsozialistischen Ideologie propagierte Stellung der Frau im Hause war gegenstandslos, als es darum ging, die Unterhaltspflicht des schuldig geschiedenen Mannes gegenüber der schuldlos geschiedenen Frau zu ihrem Nachteil abzuändern. In der amtlichen Begründung zum EheG 38 wird hierzu ausgeführt: "Bei der Stellung, die der erwerbstätigen Frau heute im Wirtschaftsleben wie überhaupt im sozialen Gefüge des Volkes zukommt, und bei der heutigen Auffassung vom Werte der Arbeit als einer Verpflichtung gegenüber der Volksgemeinschaft kann es für die Frage, ob eine unterhaltsberechtigte geschiedene Frau sich hinsichtlich ihres Unterhaltsbedarfs ganz oder zum Teil auf den Verdienst durch ei-

575 G. v. Scanzoni, 2. Aufl., § 65, Rdn. 1.
576 Vgl. dazu § 64 EheG 38.
577 Th. Ramm, in: FS-Fraekel, S. 151 (158).
578 Zur Unterhaltspflicht der Frau vgl. § 66 Abs. 2 EheG 38.

gene Arbeit verweisen lassen muß, nicht mehr darauf ankommen, ob eine Erwerbstätigkeit der Frau bei den Verhältnissen, in denen die Gatten während bestehender Ehe gelebt haben, üblich war oder nicht, sondern nur darauf, ob bei gerechter Würdigung aller Umstände eine Erwerbstätigkeit von der Frau erwartet werden kann oder nicht.[579]

Obwohl nicht ohne weiteres aus der Fassung des § 66 EheG 38 zu entnehmen, wurde im Schrifttum überwiegend der Standpunkt vertreten, daß man grundsätzlich eine Verpflichtung der Frau anerkennen müsse, durch eigene Arbeit für ihren Unterhalt zu sorgen oder wenigstens beizutragen[580]. Doch sollte der schuldig oder überwiegend schuldig erklärte Mann die Frau nicht von vornherein auf die Ausübung einer Arbeitstätigkeit verweisen können. Die Umstände des Einzelfalles waren zu berücksichtigen. So kam es darauf an, ob Kinder vorhanden waren, die bei der Frau verblieben und von ihr betreut wurden[581]. Eine wesentliche Rolle sollte aber auch die Lage des Arbeitsmarktes spielen[582].

Eine Relativierung des Grundsatzes bedeutete dies jedoch nicht. Das ohnehin schon durch die Verdrängung der Frau aus dem Erwerbsleben höchst ungleich verteilte Risiko ehelicher Verfehlungen wurde mit der Normierung des § 66 EheG 38 auch auf die unschuldig geschiedene Frau ausgedehnt. Die disparitätischen Folgen stellte man offen dar: "Während der Mann mit Rücksicht auf seine Stellung im Erwerbsleben meist von der Sorge um den eigenen Unterhalt verschont bleibt und nur vor der Frage steht, ob ihn auch nach der Auflösung der Ehe eine Unterhaltspflicht zugunsten der geschiedenen Frau treffen wird oder nicht, wird die Sorge der Frau häufig der Sicherung ihrer gesamten künftigen Existenz gelten. Denn sie steht, nachdem sie mit Eingehung der Ehe ihre bisherige Daseinsgrundlage aufgegeben hat, nach Auflösung der Ehe vor der Notwendigkeit, eine neue wirtschaftliche Grundlage für ihr weiteres Leben zu finden."[583]

Wie diese neue wirtschaftliche Grundlage auszusehen hatte und welches Fernziel sich hinter § 66 EheG 38 verbarg, stellte Skaupy klar: "Neben den in der amtlichen Begründung angegebenen Erwägungen dürfte bei der Neuregelung nämlich auch der Gedanke maßgebend gewesen sein, daß einerseits durch eine Entlastung des Mannes bei diesem der Wunsch zu einer neuen Eheschließung stärker sein würde und daß andererseits auch die Frau sich trotz des Fehlschlages der ersten Ehe eher zur Eingehung einer anderen Ehe entschließen würde: es wurde also hiermit zugleich ein Ergebnis erreicht, das den bevölkerungspoliti-

579 DJ 1938, S. 1102 (1111).
580 F. Maßfeller, § 66, Bem. 2; Palandt-Lauterbach, 6. Aufl., § 66, Bem. 3b; RGRK-Hallamik, 9. Aufl., § 66, Bem. 3b.
581 RGZ 160, S. 41 (44).
582 RGRK-Hallamik, 9. Aufl., § 66, Bem. 3b.
583 F. Gürtner, DR 1939, S. 467 (467).

schen Zielsetzungen des heutigen Staates entspricht"[584]. Leidtragende dieser Politik waren wiederum die Frauen, die sich unter Umständen aus finanziellen Gründen zu einer neuen Eheschließung bereitfinden mußten.

Eine gewisse soziale Korrektur innerhalb des nachehelichen Unterhaltsrechts, die in erster Linie der Frau zugute kam, wurde mit § 68 EheG 38 vorgenommen. Die bisher unbekannte Regelung griff Platz, wenn beide Ehegatten für schuldig erklärt waren, ohne daß einen die überwiegende Schuld traf. Wenn einer der Ehegatten dauernd oder vorübergehend außerstande war, sich selbst zu unterhalten, konnte dem Leistungsfähigen die Zahlung eines Unterhaltsbeitrages zugunsten des Notleidenden nach Billigkeitserwägungen auferlegt werden.

In bezug auf die unterhaltsrechtliche Regelung einer Scheidung wegen tiefgreifender unheilbarer Zerrüttung der Ehe war nach § 69 EheG 38 zu unterscheiden: Enthielt das Urteil einen Schuldspruch zu Lasten des Klägers gemäß § 61 Abs. 2 EheG 38, so fanden die unterhaltsrechtlichen Vorschriften der verschuldensabhängigen Scheidung entsprechende Anwendung[585]. Fehlte jedoch der Schuldausspruch, so traf die Unterhaltspflicht stets den Ehegatten, auf dessen Verlangen die Ehe geschieden wurde[586]. Jedoch war dieser Unterhaltsanspruch gegenüber dem Anspruch aus § 66 EheG 38 weiter abgeschwächt[587]. Von vornherein entschied über den Umfang die Billigkeit. Dabei war zu prüfen, in welcher Höhe Verwandte der Frau zur Unterhaltsleistung herangezogen werden konnten. Zudem wurde § 67 Abs. 2 EheG 38 für anwendbar erklärt. Für die Frau bedeutete dies die Zumutung, ihren Unterhalt aus dem Stamm ihres Vermögens zu bestreiten und ihn aufzuzehren[588].

Es wurde jedoch noch eine "völlig neue Bestimmung ... im Interesse vieler geschiedener Ehemänner"[589] eingeführt. Nach § 74 EheG 38 erlosch der Unterhaltsanspruch durch Verwirkung, wenn sich der Berechtigte nach der Scheidung einer schweren Verfehlung gegen den Verpflichteten schuldig machte oder gegen dessen Willen einen ehrlosen oder unsittlichen Lebenswandel führte. Da im Gegensatz zu der entsprechenden namensrechtlichen Regelung des § 65 EheG 38 hiermit nicht nur ideelle Verluste einhergingen, hob man besonders die "erzieherische Bedeutung"[590] des § 74 EheG 38 als Nachwirkung der Ehe hervor.

---

584 W. Skaupy, DR 1939, S. 344 (345).

585 § 69 Abs.1 EheG 38.

586 Mithin wohl ein Grund, warum es keine höchstrichterlichen Entscheidungen über Klagen von Frauen nach § 55 EheG 38 gab.

587 G. v. Scanzoni, 2. Aufl., § 69, Rdn. 3.

588 G. v. Scanzoni, 2. Aufl., § 69, Rdn. 4.

589 G. v. Scanzoni, 2. Aufl., § 74, Rdn. 1.

590 G. v. Scanzoni, 2. Aufl., § 74, Rdn. 2.

IV. Ergebnis

Die unselige Epoche des Nationalsozialismus hatte für die Frau die Unterdrükkung jeglicher freiheitlich-individualistischer Emanzipationsbestrebungen zur Folge. Das gesellschaftspolitische Ideal war die Mutterschaft. Sie bestimmte im gesamten Ehrecht die Stellung der Frau. Mit der Bestätigung der Hausfrauenehe ging die gezielte Verdrängung der Frau aus dem Erwerbsleben einher. Innerhalb der Familie blieb es bei der Entscheidungsgewalt des Mannes, die mit der Übertragung des Führerprinzips eine neue Rechtfertigung fand.

Auch wo man sich mit Überlegungen zur Neugestaltung des ehelichen Güterrechts reformerisch an die liberalistischen Bestrebungen der Weimarer Zeit anlehnte, sollte dies lediglich dazu führen, die Frau zur Ehegestaltung nach nationalsozialistischem Vorbild zu bewegen.

Im Scheidungsrecht fand das Zerrüttungsprinip in Form des § 55 EheG 38 Eingang. Die höchstrichterlichen Entscheidungen hierzu waren jedoch von bevölkerungspolitischem Zweckdenken geprägt. Das persönliche Interesse der Frau war nicht entscheidungsrelevant. Die neugestalteten unterhaltsrechtlichen Folgen der Scheidung beinhalteten insgesamt ebenfalls eine Schlechterstellung der Frau. Auch hier war die bevölkerungspolitische Zielsetzung unverkennbar. Die bisherigen Ausführungen rechtfertigen die Aussage, daß der Nationalsozialismus der Frau die Mutterschaft nicht nur aufoktroyierte, sondern ihre Existenzberechtigung darauf reduzierte.

M. Emanzipation in der Bundesrepublik Deutschland

I. Einleitung

Der Zusammenbruch des Dritten Reiches erschütterte das patriarchale System. In den Nachkriegsjahren erhielt oftmals die Frau die Funktion, für die Familie zu sorgen. Eine Rechtsentwicklung konnte es jedoch nach dem staatlichen Zerfall in der Zeit von 1945-1949 auf Bundesebene nicht geben. Damit befand sich die Frau im Familien- und Eherecht im wesentlichen auf dem Stand des Jahres 1900[591].

Erst das Bonner Grundgesetz vom 23. Mai 1949 mit der auch für die Legislative bindenden Vorgabe[592] der Gleichberechtigung von Mann und Frau in Art. 3 Abs. 2 GG, schaffte einen neuen, ausfüllungsbedürftigen Rahmen[593]. Die weitere rechtliche Emanzipationsentwicklung der Frau wurde somit vom Grundgesetz aufgenommen und stand zunächst unter dem Zeichen der Durchsetzung des Gleichberechtigungsgebotes aus Art. 3 Abs. 2 GG, jedoch nicht mit sofortiger Wirkung. Die Gleichberechtigung vom Mann und Frau war nicht als aktuell anzuwendendes Recht statuiert worden. In Art. 117 Abs. 1 GG war eine Übergangsbestimmung getroffen, nach der das diesem Prinzip entgegenstehende Recht bis zu seiner Anpassung an das Grundgesetz in Kraft bleibe, jedoch nicht länger als bis zum 31. März 1953.

Da der Gesetzgeber entgegen dem Grundgegetz und trotz der fortschrittlichen Vorarbeiten des 38. Deutschen Juristentages[594] erst mit erheblicher Zeitverzöge-

---

591 Mit dem Kontrollratsgesetz Nr. 16 (Amtsblatt des Kontrollrats in Deutschland, S. 77, 249) entfernten die Besatzungsmächte aus dem EheG 38 die "Vorschriften typisch nationalsozialistischen Inhalts" (BT-Drucks. 7/650, S. 64.). Im übrigen behielt das EheG 46 den Text fast ausnahmslos wörtlich bei.

592 Art. 1 Abs. 3 GG.

593 Vgl. zur Entstehungsgeschichte des Art. 3 Abs. 2 GG: AKGG-Stein, 2. Aufl., Art. 3, Rz. 8ff.; Doemming/Füsslein/Matz in: JöR NF 1, S. 66-72; M. Feuersenger, Die garantierte Gleichberechtigung, S. 20-48. Zur Rolle der Frauenbewegung bei der Konstituierung der Verfassungsnorm: V. Suplik, Die Entscheidung des Grundgesetzes für Parität im Geschlechterverhältnis, S. 39 ff.

594 Thema der bürgerlich-rechtlichen Abteilung: "Die Gleichberechtigung der Frau. In welcher Weise empfiehlt es sich, gemäß Art. 117 GG das geltende Recht an Art. 3 Abs. 2 GG anzupassen?" Vgl. dazu E. Scheffler, Referat, 38. DJT 1950, S. 3 ff.; E.

rung tätig wurde, trat nach der Überleitungsfrist das Art. 3 Abs. 2 GG entgegenstehende Recht außer Kraft[595]. Die entstandene Lücke wurde über Jahre von der Rechtsprechung ausgefüllt. Diese erwies sich bisweilen hinsichtlich der Verwirklichung der Gleichberechtigung fortschrittlicher als das spätere Gesetzesrecht[596], bisweilen wurde jedoch die verfassungsmäßige Entscheidung abgeschwächt[597].

II. Emanzipatorische Wirkung des Gleichberechtigungsgesetzes

Das Gesetz über die Gleichberechtigung von Mann und Frau auf dem Gebiete des bürgerlichen Rechts wurde am 21. Juni 1957 verkündet und trat am 1. Juli 1958 in Kraft[598]. Es war geprägt von dem damals herrschenden Gleichberechtigungsverständnis. Die Stellung der Frau sollte der des Mannes angepaßt werden, wobei jedoch Ausnahmebereiche zugelassen waren[599]. Diese Ausnahmen hielt man aufgrund der Notwendigkeit einer klaren Entscheidungszuständigkeit für legitim[600]. Dem Mann sollte die Position eines "primus inter pares"[601] zukommen, um Zersetzungserscheinungen der Familie entgegenzuwirken.

Ulmer, Korreferat, 38. DJT 1950, S. 35 ff.; sowie die Diskussionsbeiträge, 38. DJT 1950, S. 57 ff.

595 Erst von diesem Zeitpunkt an war das Gleichberechtigungsprinzip unmittelbar geltendes Verfassungsrecht.

596 Vgl. hierzu die eingehende Untersuchung von J. Kropholler, Gleichberechtigung durch Richterrecht. So wurde beispielsweise unter Verzicht auf eine Rollenverteilung in der Ehe die Schlüsselgewalt auf beide Ehepartner ausgedehnt (Nachweise bei J. Kropholler, S. 21). Einen Bruch mit der gesamten Tradition in der Namensfrage vollzog das VG Frankfurt. Es gab dem Begehren einer Frau statt, ihren Geburtsnamen unverändert ohne Voran- oder Nachsetzung des Familiennamens des Mannes fortzuführen (Nachweise bei J. Kropholler, aaO., S. 25, Fn. 80). Insgesamt jedoch trug die Rspr. zum Namensrecht eher konservative Züge.

597 Es wurde zwar die Verwaltung und Nutznießung des Mannes als verfassungswidrig abgelehnt. Doch sah man als gesetzlicher Güterstand die Gütertrennung und nicht die Errungenschaftsgemeinschaft an (vgl. hierzu ausführlich J. Kropholler, aaO., S. 33 ff.).

598 BGBl. I, S. 609 ff.

599 H. Lange, Kontinuität und Diskontinuität, S. 355 (361), hält daher dem Gesetzgeber des Jahres 1957 vor, "im historisch gewachsenen Mannesvorzug gelegentlich eine Art natürliche, gewissermaßen gleichberechtigungsfeste Ordnung zu erblicken."

600 F. Maßfeller, Das neue Familienrecht, S. 8: "Der Gesetzgeber muß Sorge tragen, daß durch eine falsch verstandene Gleichberechtigung unser Ehe- und Familienleben keinen Schaden leide." Ebenso Begr. des Reg. – Entw., S. 45 in: Deutscher Bundestag, 1. Wahlperiode 1949, Drucks. Nr. 3802 vom 23.10.1952.

601 Abg. Seidel (CDU/CSU), Deutscher Bundestag, 2. Wahlperiode 1953, 206. Sitzung, 3. 5. 1957, Sten. Ber., S. 11795.

Diese seit dem zweiten Weltkrieg von konservativer Seite oft beschworene Zersetzung der Familie und ihr sogenannter Funktionsverlust waren in Wirklichkeit eine Krise der patriarchalen Struktur. Nicht die Familie litt unter Funktionsverlust, sondern die normativ abgesicherte Herrschaft des Ehemannes[602].

Das Gleichberechtigungsgesetz hat damit das von Schmid[603] formulierte Ziel, "die Frau in diesem Jahrhundert als ein Wesen gleicher Mündigkeit" anzuerkennen, nicht erreicht. Die rechtlichen Regelungen entsprachen nicht der Forderung des Art. 3 Abs. 2 GG[604]. Ein Aufheben der Mannesrolle, Rollenpluralität oder gar Rollentausch finden sich im Gleichberechtigungsgesetz nicht. Ganz im Gegenteil führten die neuen Bestimmungen zur Stabilisierung des in der Nachkriegszeit ins Wanken geratenen traditionellen Ehemodells. Dabei steht außer Frage, daß man mit den damals vorhandenen Ideen und Erkenntnissen sowie Anregungen für die Frau bessere rechtliche Regelungen hätte treffen können[605]. Dennoch bedeutete für die Entwicklungsgeschichte der Emanzipation der Frau das Gleichberechtigungsgesetz einen wesentlichen Schritt nach vorn, gemessen an der sich seit Jahrhunderten nur schneckenhaft fortbewegenden Rechtsentwicklung.

1. Wesentliche Änderungen

Die persönlichen Rechtsbeziehungen der Gatten waren von nun an nicht mehr von einer männlichen Dominanz geprägt. Das Entscheidungsrecht des Ehemannes in allen gemeinschaftlichen ehelichen Angelegenheiten (§ 1354 BGB i.d.F. von 1900) wurde nach einer allerdings knappen Abstimmung beseitigt[606].

Im Namensrecht wirkte die Tradition jedoch fort[607]. Hierin manifestierte sich das immer noch vorhandene Familienleitbild. Nach § 1355 S. 1 BGB i.d.F. von 1957 war der Ehe- und Familienname weiterhin der Name des Mannes. Zwar

---

602 S. Spiros, Zur Situation des Familienrechts, S. 15 (22).

603 Schmid (SPD) bei den Vorverhandlungen zum Bonner Grundgesetz, nachzulesen in: v. Doemming/ Füsslein/ Matz, JöR NF 1, S. 66 (70).

604 Statt vieler: J. Gernhuber, Neues Familienrecht, S. 44.

605 Nach H. Dölle, Familienrecht 1, S. 29, ist das Gesetz auch nur "vom Geist vorsichtiger Anpassung an den Gleichberechtigungssatz erfüllt."

606 Vgl. dazu ausführlich: H. Dölle, Familienrecht I, S. 403f.; P. Fischer, Die Novellierung des Familienrechts, S. 63 ff.

607 Daß bisweilen schon zwölf Jahre ausreichen, um eine begriffliche Tradition zu begründen, wurde leider von K. Hübner bestätigt. Er hielt 1950 bei seiner Abhandlung "Gleiche Rechte für Mann und Frau", S. 43 (52) die Lösung der Namensgebung des § 1355 BGB i.d.F. von 1900 als "berechtigter Ausdruck dessen, daß der Mann der Führer in der Ehe ist."

wurde mit § 1355 S. 2 BGB i.d.F. von 1957 der Frau erstmals das Recht gewährt, ihren Mädchennamen dem Namen des Mannes hinzuzufügen. Durch die Eheschließung wurde damit aber weiterhin nur der Familienname der Frau verändert. Die eheliche Lebensgemeinschaft begann für sie mit einem "Opfer"[608]. Mit der Wahl dieses, die männliche Namenskontinuität wahrenden patriarchalen Systems verschloß sich das Gleichberechtigungsgesetz der Forderung des Art. 3 Abs. 2 GG[609].

An der klassischen Rollenverteilung zwischen den Ehegatten änderte das Gleichberechtigungsgesetz trotz der Neufassung des § 1356 BGB nichts. Zwar wurde der mit dem Modell der Hausfrauenehe bisher verbundene Mannesvorrang beseitigt. Dennoch verblieb es bei der Benachteiligung der Frau, die dieser Rollenfixierung selbst innewohnt. Nach § 1356 Abs. 1 S. 1 BGB i.d.F. von 1957 führte die Frau den Haushalt nunmehr ohne ehemännliche Kontolle in eigener Verantwortung. Zudem wertete § 1360 S. 2 BGB i.d.F. von 1957 die Haus- und Erziehungsarbeit der Frau als Unterhaltsleistung[610]. Die Hausfrauentätigkeit stand damit als gleichwertiger Beitrag zum Lebensunterhalt neben der außerhäuslichen Erwerbstätigkeit des Mannes. Weiterhin räumte § 1356 Abs. 1 S. 2 BGB i.d.F. von 1957 der Frau das Recht auf eine außerhäusliche Erwerbstätigkeit ein. Dieses Recht hatte jedoch vollständig hinter ihren Familienpflichten zurückzustehen. Immerhin aber wurde die Mitarbeitspflicht der Ehefrau im Geschäft des Ehemannes durch das Gleichberechtigungsgesetz wechselseitig ausgedehnt[611].

Die Schlüsselgewalt blieb ein Privileg der Ehefrau (§ 1357 BGB i.d.F. von 1957). Es wurde lediglich eine subsidiäre Haftung für sie eingeführt. Damit wurde aus den Haushaltsgeschäften weiterhin der Mann alleinberechtigt und primär verpflichtet. § 1357 BGB i.d.F. von 1900 änderte man zwar sprachlich, aber nicht sachlich. Die Möglichkeit einer Beschränkung oder Ausschließung der Schlüsselgewalt ohne vorherige gerichtliche Kontrolle blieb weiterhin zur Disposition des Mannes bestehen und damit auch die Gefahr einer ungerechtfertigten Diskriminierung der Frau[612].

---

608 H. Krüger, AcP 156, S. 232 (241).

609 Die überwiegende Ansicht verneinte jedoch seinerzeit einen Verstoß gegen den Gleichberechtigungsgrundsatz. Vgl. statt vieler: Staudinger-Hübner, 10./11. Aufl., Stand 1964, § 1355, Rdn. 1 ff. mit weit. Hinw.; a.A.: Th. Ramm, FamRZ 1962, S. 281 ff.; H. Krüger, AcP 156, S. 232 (243).

610 E. Scheffler, Die Stellung der Frau, S. 21.

611 § 1356 Abs. 2 BGB i.d.F. von 1957. Aufgrund der Gegebenheiten war es jedoch weiterhin überwiegend die Frau, die von der Norm erfaßt wurde; H. Dölle, Familienrecht I, S. 420, Fn. 78.

612 Vgl. dazu schon die Ausführungen zum Bürgerlichen Gesetzbuch von 1900.

Ein emanzipatorischer Schritt zu mehr Selbstbestimmung bedeutete hingegen der Wegfall des § 1358 BGB i.d.F. von 1900. Dem Mann stand nicht mehr das Recht zu, Verträge über die außerhäusliche Erwerbstätigkeit seiner Frau zu kündigen.

Die bedeutendste emanzipatorische Reform zugunsten der Frau lag in der Einführung der Zugewinngemeinschaft als gesetzlichem Güterstand (§ 1363 BGB). Damit war endlich die Bastion der Verwaltung des weiblichen Vermögens durch den Mann und seine Nutznießung daran erstürmt. Der Anspruch auf Zugewinnausgleich bei Beendigung der Zugewinngemeinschaft kam der gleichwertigen Anerkennung von Haus- und Erziehungsarbeit näher und schaffte einen Ausgleich für den fehlenden Verdienst der Frau. Mit Anerkennung der gleichmäßigen Teilhabe der Ehepartner an den wirtschaftlichen Leistungen trug die auf dem 33. Deutschen Juristentag 1924 in Heidelberg eröffnete Diskussion endlich ihre emanzipatorischen Früchte.

Alles andere als beifallswert war hingegen das letzte Refugium offener männlicher Vormachtstellung. So verblieb gemäß § 1628 Abs. 1 BGB i.d.F. von 1957 dem Vater das Entscheidungsrecht, wenn sich die Eltern bei der Ausübung der elterlichen Gewalt nicht einigen konnten. Weiterhin oblag ihm auch die alleinige rechtsgeschäftliche Vertretung des Kindes (§ 1628 Abs. 1 BGB i.d.F. von 1957). Beide Regelungen wurden von dem Bundesverfassungsgericht im Jahre 1959 als unvereinbar mit Art. 3 Abs. 2 GG verworfen und für nichtig erklärt[613]. Fortan standen Mann und Frau bei der Ausübung der elterlichen Gewalt gleichrangig nebeneinander; die Vertretung des Kindes stand beiden Elternteilen gemeinsam zu[614]. Im Vertrauen auf die Möglichkeit eines internen Einigungsprozeßes sollte bei Nichteinigung nur in außergewöhnichen Fällen das Vormundschaftsgericht eingeschaltet werden[615]. Das Gesetz zur Neuregelung der elterlichen Sorge vom 18. Juli 1979 füllte schließlich die entstandene Lücke aus.

2. Ergebnis

Das Gleichberechtigungsgesetz 58 hat verkannt, daß das Leitbild der Frau Wandlungen zugänglich ist. Es ist eben gerade nicht etwas von vornherein Gegebenes, sondern etwas historisch Gewordenes[616] und damit etwas Veränderbares. Das Gleichberechtigungsgesetz beließ jedoch mit der Konzeption der Hausfrauenehe

---

613 BVerfGE 10 S. 59 ff.

614 Palandt-Lauterbach, 26. Aufl., § 1627, Bem. 1.

615 J. Kropholler, Gleichberechtigung durch Richterrecht, S. 56.

616 Simone de Beauvoir, Das andere Geschlecht, S. 281.

bestimmte Rollenmuster und soziale Verhaltensweisen als dem weiblichen Geschlecht natürlich anhaftend. Es erfaßte rechtlich jede Ehefrau mit der Mutterrolle, unabhängig davon, ob sie Mutter war oder ob sie es nicht war.

Es vernachlässigte die soziale Wirklichkeit der erwerbstätigen Ehefrauen. Mit dem Vorrang der Hausfrauentätigkeit vor der Erwerbstätigkeit nahm das Gesetz den Frauen die Möglichkeit, mit gleichen rechtlichen Chancen ein marktwirtschaftliches Einkommen zu erzielen.

Dem Gleichberechtigungsgesetz fehlte die Vorstellung von der Frau, die nach ihren Fähigkeiten einen Lebensplan aufstellt und sich dabei sowohl auf ihre Aufgaben in der Ehe, Familie und Gesellschaft als auch auf einen Beruf vorbereitet. Dabei waren die Zeichen der Zeit, die für eine Aufhebung der Funktionsteilung sprachen, schon überdeutlich erkennbar. Es waren die Erleichterungen im Haushalt, zum einen infolge der zunehmenden Technisierung, zum anderen aufgrund der geringeren Kinderzahl.

Auch mehrten sich die Stimmen, die die Frau in allen Lebensphasen gleichberechtigt und in sozialer Mitverantwortung neben dem Mann sehen wollten, um zusammen mit ihm Familien-, Erwerbs- und öffentliches Leben zu gestalten[617].

Die Konzeption der Hausfrauenehe barg aber gerade die Gefahr in sich, den Mannesvorzug neu zu begründen. Konsequenterweise mußte bei diesem Modell in beruflichen Angelegenheiten dem Mann ein Letztentscheidungsrecht zugestanden werden. Damit oblag ihm wiederum die Entscheidung über den Wechsel von Wohnung und Wohnort, nun zwar nicht mehr aus eigener Machtvollkommenheit, dafür aber aus beruflichen Gründen. Die Ehefrau hatte zu folgen, wenn sie nicht gegen die Verpflichtung zur ehelichen Gemeinschaft (§ 1353 BGB i.d.F. von 1957) verstoßen wollte.

Emanzipatorisch begrüßenswert für das gewählte Ehemodell war damit als Neueinführung letztlich nur der gesetzliche Güterstand der Zugewinngemeinschaft, der von der grundsätzlichen Gleichwertigkeit hausfraulicher Tätigkeit und außerhäuslicher Erwerbstätigkeit des Mannes ausgeht.

---

617 Vgl. z.B. Margot Mead, Mann und Weib, S. 411: "Wir können nur dann eine vollkommen Welt aufbauen, wenn wir die besonderen Gaben beider Geschlechter sowie auch die ihnen gemeinsamen benutzen und so die Begabung der ganzen Menschheit nutzen."

N. Gesamtergebnis

Die Untersuchung der Emanzipation der Frau in der Familienrechtsgeschichte zeigt, beurteilend zusammengefaßt, folgendes Bild:

In der fränkisch-germanischen Zeit war die Ehefrau nur teilweise vermögensfähig. Ihr waren die zur Führung des Haushaltes erforderlichen Geschäfte zu einem gesetzlich begrenzten Betrag eingeräumt.

Im Mittelalter erfuhr die Rechtsstellung der Witwe einen Wandel. Unter dem Einfluß der christlichen Lehre wurde ihr eine partielle Geschäftsfähigkeit zuerkannt.

Die Ehefrau ist jedoch immer noch der Munt des Ehemannes unterworfen. Dieses Institut beinhaltet nun jedoch auch ein Schutz- und Sorgeverhältnis.

Emanzipatorische Erfolge zeigen die Stadtrechte auf. Faktisch wurde bei Kauffrauen die Geschlechtsvormundschaft aufgehoben. Die Verpflichtungsfähigkeit der Kauffrau wurde anerkannt. Verfügungsbeschränkungen bezogen sich nur auf das unbewegliche Vermögen. Die Stellung der nichterwerbstätigen Frau wurde hierdurch ebenfalls in emanzipatorischem Sinne mitgebessert.

Unterstützt wurde die spätmittelalterliche Rechtsentwicklung durch das Kanonische Recht. Das Verhältnis der Ehepartner zueinander wird genossenschaftlich ausgestattet.

Die frühe Neuzeit läßt eine Stagnation, wenn nicht gar eine Tendenzwende bezüglich der emanzipatorischen Ansätze erkennen. Bezeichnend ist das Wiederaufleben der Geschlechtsvormundschaft, welche nun mit der mangelnden Geistesschärfe des weiblichen Geschlechts begründet wird. Die Stellung der Handelsfrau blieb zwar hiervon ausgespart, doch verbot man ihr nach dem 30jährigen Krieg die weitere Tätigkeit, um männlichen Zunftmitgliedern ausreichende Beschäftigung zu sichern.

Die Theorie des Vernunftrechts leitet eine neue emanzipatorische Phase ein. Sie sieht zwar den Mann als das Haupt der Frau. Als emanzipatorisch sind bei Grotius jedoch die Überlegungen zum ehelichen Güterrecht zu erkennen. Ein Eingriff des Mannes in die Vermögenssphäre der Frau wird abgelehnt. Die Theorie des Vernunftrechts ebnete den weiteren gedanklichen Weg der Frauenemanzipation, der legislativ durch das Allgemeine Landrecht für die Preußischen Staaten umgesetzt wurde.

Mit dem Grundsatz der Gleichberechtigung von Mann und Frau in I 1 § 24 ALR wird fortan ein Begründungszwang für die untergeordnete Stellung der Frau proklamiert.

Die Stellung der Ehefrau war zwar nach wie vor geprägt von dem patriarchalen Vorrang des Mannes. Es finden sich dennoch Ansätze zu einem partnerschaftlichen Verhältnis.

Das Ehe- und Familienrecht Friedrich Carl von Savignys beinhaltete rechtspolitisch die Abwehr der Forderung nach familienrechtlicher Gleichberechtigung der Frau. Die Ehe sollte zu einem unantastbarer Privatbereich unter der Herrschaft des Mannes ausgestaltet werden. Ein ähnliches Bild läßt sich in der gesamten Rechtslehre des 19. Jahrhunderts finden.

Bei den Beratungen im Reichstag zur Kodifikation des Bürgerlichen Gesetzbuches von 1900 war die Emanzipation der Frau und die damit einhergehende rechtliche Stellung endlich Streit- und Diskussionsthema.

In den Motiven findet sich der geradezu als Rechtfertigung anmutende Satz: Dem Entwurf lag nichts ferner "als der Gedanke der sog. Emanzipation der Frauen." Das Thema Emanzipation hatte damit Einzug in die Legislative gefunden. Umgesetzt wurde hingegen nur wenig. Der Ehemann blieb weiterhin die dominierende Person in der Ehe; dies in bezug auf seine Frau und ihr Vermögen.

In der Zeit der Weimarer Republik erhielt die rechtspolitische Diskussion über die Frauenemanzipation durch die programmatische Erklärung in Art. 119 WRV einen Auftrieb von bislang noch nie vorhandenem Umfang.

Der 33. und 36. Deutsche Juristentag deklarierte die Emanzipation des weiblichen Geschlechts als eine Forderung der Gerechtigkeit.

Es wurden Reformvorschläge unterbreitet, wie die Einführung von Zerrüttungsgründen im Scheidungsrecht und die Deutung der Ehe im Sinne einer Lebensgemeinschaft zweier sittlich ebenbürtiger, voll verantwortlicher Genossen. Die Ideen der Weimarer Zeit reichten weit über die Reformen des dreißig Jahre-später verkündeten Gleichberechtigungsgesetzes hinaus.

Der nationalsozialistische Gesetzgeber sah sich nicht mehr an die durch Art. 119 WRV gewiesene Grundrichtung gebunden. Mit der Übertragung des Führerprinzipes auf die Familie fand die Entscheidungsgewalt des Mannes eine neue Rechtfertigung. Maßstab und Umfang der weiblichen Selbständigkeit war das Wohl ihrer Familie. Aus Zweckmäßigkeitserwägungen sprach man sich in Anlehnung an die Weimarer Zeit für die Zugewinngemeinschaft aus. Aus bevölkerungspolitischer Zielsetzung wurde das Zerrüttungsprinzip eingeführt. Die Emanzipation der Frau wurde durch biologisches Zweckdenken ersetzt.

Mit dem Zusammenbruch des "Dritten Reiches" fand sich die Frau bis zum Jahre 1949 im wesentlichen auf dem rechtlichen Stand des Jahres 1900. Art. 3 Abs. 2 GG schaffte einen emanzipatorisch auszufüllenden Rahmen. Bis zum Inkrafttreten des Gleichberechtigungsgesetzes wurde diese Lücke durch die Rechtsprechung zum Teil progressiver als durch das spätere Gesetzesrecht ausgefüllt. Das Gleichberechtigungsgesetz erfüllte das erwartete Ziel, die Frau als ein Wesen gleicher Mündigkeit anzuerkennen, nicht. Mit dem gesetzlichen Leitbild der Hausfrauenehe und dem am Mannesnamen orientierten Ehenamen hielt sich die Revidierung des Bürgerlichen Gesetzbuches an das Ideal der bürgerlichen Familie des beginnenden 20. Jahrhunderts. Es war unbekümmert um eine soziale Wirklichkeit, in der es sich zwar behaupten wußte, jedoch bereits in die Verteidigung gedrängt war. Mit Einführung der Zugewinngemeinschaft wurde die emanzipatorische Forderung des 33. Deutschen Juristentages 1924 in Heidelberg nunmehr erfüllt.

Die Geschichte des Familienrechts ist die Geschichte der Frauenemanzipation, d.h. die Geschichte des Abbaues patriarchaler Strukturen.

Jörn Wendrich

Die Entwicklung der familienrechtlichen Entscheidungsbefugnisse der Ehefrau

Vom BGB bis zum Gleichberechtigungsgesetz vom 18.6.1957

Frankfurt/M., Berlin, Bern, Bruxelles, New York, Oxford, Wien, 2002. 374 S.
Europäische Hochschulschriften: Reihe 2, Rechtswissenschaft. Bd. 3580
ISBN 3-631-50097-1 · br. € 50.10*

Einen Meilenstein auf dem Weg zur rechtlichen Gleichstellung der Ehefrau stellte das „Gesetz über die Gleichberechtigung von Mann und Frau auf dem Gebiete des bürgerlichen Rechts" vom 1.7.1958 dar. Der Gesetzgebungsprozeß für dieses auf Art. 3 Abs. 2 GG beruhenden familienrechtlichen Reformvorhabens zog sich über acht Jahre hin. Grund dafür war insbesondere die politische Einflußnahme von Seiten der beiden großen Kirchen und der Frauenbewegung, die mit aller Kraft versuchten, ihrem jeweiligen Standpunkt zum Verhältnis von Mann und Frau in Ehe und Familie zum Durchbruch zu verhelfen. Die Arbeit behandelt im Schwerpunkt den gruppeninternen Meinungsbildungsprozeß der Kirchen und der Frauenbewegung während der Nachkriegszeit und untersucht, ob das von diesen erarbeitete Ehe- und Familienleitbild mit dem übereinstimmte, welches die Gruppierungen nach außen hin politisch vertraten.

Aus dem Inhalt: Der Gesetzgebungsprozeß der Familienrechtsreform in den fünfziger Jahren · Die Darstellung der Einflußnahme der beiden großen Kirchen, sowie der Frauenbewegung auf dieses Reformvorhaben